Der Sprachfuchs

Übungsbuch für das 4. Schuljahr

Regionalausgabe 2

Gisela Everling
Hannelore Gräser
Wilhelm Helling
Heinz-Peter Koulen
Wolfgang Rückert
Sabine Trautmann

Ernst Klett Verlag

Inhalt

	A Mündlicher Sprachgebrauch	A Schriftlicher Sprachgebrauch
Mit dem Fahrrad unterwegs S. 4–9	Erlebnis erzählen (S. 4, 6); Informationen vergleichen (S. 4); Auskunft erteilen (S. 4, 6); Inhalt anhand von Stichworten wiedergeben (S. 5); Gespräch führen (S. 6); eigene Meinung vertreten (S. 6); darstellendes Spiel (S. 6); vortragen, Artikulation (S. 7)	Text zu Bildern erarbeiten (S. 4, 5); Erlebnis, Beobachtung aufschreiben (S. 4, 5, 6); Text zu vorgegebenem Schluß erarbeiten (S. 6); Text zu vorgegebenem Anfang erarbeiten (S. 7); treffende Ausdrucksformen (S. 8); Geschichte erfinden (S. 6, 7); Reizwortgeschichte (S. 7)
In der Freizeit S. 10–15	Auskunft erteilen (S. 10); Gespräch führen (S. 11); Erweiterung des Wortschatzes (S. 10, 12) und der Satzbildung (S. 13, 15)	Notiz anfertigen (S. 10, 11); folgerichtiges Erzählen (S. 10, 14); Gestaltung von Satzanfängen (S. 10); Text zu Bildern erarbeiten (S. 10, 14); treffende Ausdrucksformen (S. 12, 15); Reizwortgeschichte (S. 13); Ergänzung unvollständiger Bildfolge (S. 14)
Einkauf, Verkauf und Werbung S. 16–21	Erweiterung des Wortschatzes (S. 16, 17, 18, 19, 20, 21); Gespräch führen (S. 18); eigene Meinung äußern und vertreten (S. 18); darstellendes Spiel (S. 18, 20)	Notiz anfertigen (S. 16); anschauliches Erzählen (S. 17); Text zu Bildern erarbeiten (S. 17); Erlebnis erzählen (S. 17, 18); wörtliche Rede (S. 17); Text zu vorgegebenem Anfang erarbeiten (S. 18)
Von der Arbeit S. 22–27	Auskunft erteilen (S. 22, 23); Text- und Bildinformationen vergleichen (S. 23); zu Stichworten erzählen (S. 23); darstellendes Spiel (S. 24); Gespräch führen (S. 25); Meinung äußern und vertreten (S. 25); Pantomime (S. 25)	folgerichtiges Erzählen (S. 23); Beobachtungen aufschreiben (S. 23); Text zu vorgegebenem Anfang erarbeiten (S. 24); Texte zu Redensarten aufschreiben (S. 24); Geschichte erfinden (S. 24); treffende Ausdrucksformen (S. 27)
Feuer S. 28–33	Fortsetzungsgeschichte (S. 28, 31); Inhalte anhand von Stichworten wiedergeben (S. 29, 30); Erweiterung der Satzbildung (S. 32); des Wortschatzes (S. 33)	Text zu vorgegebenem Anfang erarbeiten (S. 28, 30); Geschichte erfinden (S. 28); Notizen (S. 29, 30); nacherzählen (S. 30); folgerichtiges Erzählen (S. 31, 33); Reizwortgeschichte (S. 31)
Draußen wird es kälter S. 34–39	Inhalt anhand von Stichworten wiedergeben (S. 34); vortragen, Artikulation (S. 35, 37); Erweiterung des Wortschatzes und der Satzbildung (S. 36, 38, 39); darstellendes Spiel (S. 36); eigene Meinung äußern und vertreten (S. 36); Informationen vergleichen (S. 38); Auskunft erteilen (S. 38)	Text zu Bild erarbeiten (S. 34); Texte zu vorgegebenem Anfang erarbeiten (S. 34); Geschichte erfinden (S. 34); treffende Ausdrucksformen (S. 34, 36); anschauliches, folgerichtiges Erzählen (S. 36); Gestaltung von Satzanfängen (S. 36); Verknüpfung von Sätzen (S. 36); wörtliche Rede (S. 36); Beobachtungen aufschreiben (S. 38)
Alle Jahre wieder S. 40–45	Inhalt anhand von Stichworten wiedergeben (S. 40); vortragen (S. 41); darstellendes Spiel (S. 41); Auskunft erteilen (S. 41, 43); Erlebnis erzählen (S. 43); zu Bildgeschichte Text erfinden (S. 44); Fortsetzungsgeschichte (S. 44); Wunschgeschichte (S. 45)	Text zu Bildern (S. 40, 42, 44); Beobachtungen aufschreiben (S. 40); Notizen (S. 40, 42); Bastelanleitung (S. 42); Reizwortgeschichte (S. 44); Ergänzung unvollständiger Bildfolge (S. 44); Text mit vorgegebenem Anfang erarbeiten (S. 44, 45); Wunschgeschichte erfinden (S. 45)
Die neue Schule S. 46–51	Gespräch führen (S. 46); eigene Meinung äußern und vertreten (S. 46); Informationen vergleichen (S. 48); Auskunft sachgerecht erteilen (S. 47, 48); Fortsetzungsgeschichte erfinden (S. 51)	treffende Ausdrucksformen (S. 46); Brief schreiben (S. 47, 48) Text zu Bildern erarbeiten (S. 49); Text zu vorgegebenem Anfang erarbeiten (S. 49); Ergänzung unvollständiger Bildfolge (S. 49); wörtliche Rede (S. 49); Erlebnis aufschreiben (S. 49)
Unsere Klassenzeitung S. 52–57	Gespräch führen (S. 52, 53); eigene Meinung äußern und vertreten (S. 52, 54); Informationen vergleichen (S. 53, 54); Auskunft sachgerecht erteilen (S. 53)	Notizen (S. 53, 55); anschauliches, folgerichtiges Erzählen (S. 54, 55); treffende Ausdrucksformen (S. 54, 55); Gestaltung von Satzanfängen (S. 54, 55); Text zu vorgegebenem Schluß (S. 55)
Ostern S. 58–63	Informationen vergleichen (S. 58); Erweiterung der Satzbildung (S. 59, 61); Erlebnis erzählen (S. 60); eigene Meinung äußern und vertreten (S. 59)	Textaufbau und Textgestaltung (S. 58, 59); Texte zu einer Bildfolge erarbeiten (S. 60); Briefe schreiben (S. 61)
Im Frühling S. 64–69	Erweiterung der Satzbildung (S. 66, 67); Informationen vergleichen (S. 64); Auskunft erteilen (S. 64); Artikulation, vortragen (S. 65); darstellendes Spiel (S. 65); zu Bild erzählen (S. 67); Erlebnis erzählen (S. 68)	Text zu Bildern erarbeiten (S. 64, 67); Text mit vorgegebenem Anfang erarbeiten (S. 64); treffende Ausdrucksformen (S. 64); Beobachtungen aufschreiben (S. 64); Verknüpfung von Sätzen (S. 66); Kochrezept (S. 68); Erlebnis erzählen (S. 68)
In unserer Umgebung S. 70–75	Erweiterung des Wortschatzes (S. 71) und der Satzbildung (S. 73); Auskunft erteilen (S. 71); Artikulation, vortragen (S. 72); Fortsetzungsgeschichte (S. 75)	Text zu Bildern erarbeiten (S. 71); Beobachtungen aufschreiben (S. 71); Text zu vorgegebenem Anfang erarbeiten (S. 72, 75); treffende Ausdrucksformen (S. 74)
Schulfest S. 76–81	Artikulation, vortragen (S. 76); darstellendes Spiel (S. 77, 78, 79); Inhalte anhand von Stichworten wiedergeben (S. 78)	Text zu vorgegebenem Anfang erarbeiten (S. 78); kleines Theaterstück verfassen (S. 79); Plakate anfertigen (S. 81); Brief schreiben (S. 81)
Wir spielen S. 82–87	Erlebnis erzählen (S. 82); Inhalte anhand von Stichworten wiedergeben (S. 83); Erweiterung der Satzbildung (S. 85); Artikulation, vortragen (S. 87)	Erlebnis aufschreiben (S. 82); Spielanleitung aufschreiben (S. 83); folgerichtiges Erzählen (S. 83)
Rechtschreibkurs S. 88–127		
Sprache untersuchen S. 128–131 (Übersicht 4. Schuljahr)		

G Sprache untersuchen	R Rechtschreiben	Rechtschreibkurs
Aussage-, Frage-, Aufforderungs-, Ausrufesatz (S. 7, 9); Teilbezeichnungen (S. 8); Wortbildung (S. 8); Oberbegriffe (S. 8); Namenwort (S. 8); Wortfamilie (S. 8)	Satzzeichen (S. 7, 9); Wortschatzerweiterung (S. 7, 8); Selbstlaute, Umlaute (S. 9); Diktat (S. 9); Zusammensetzung (S. 8); Silbentrennung (S. 8); Großschreibung (S. 8)	Alphabet, nachschlagen (S. 88, 90); Fremdwörter (S. 88); Wörterheft (S. 89); langer, kurzer Selbstlaut/Umlaut (S. 90/91); Diktat (S. 91); Großschreibung (S. 91); Zusammensetzung (S. 91)
Oberbegriffe, Teilbezeichnungen (S. 11); Eigenschaftswort (S. 11, 12); Zeitwort (S. 11, 15); Satzglieder (S. 12, 13); Fürwort (S. 13); Wortbausteine (S. 15); Vergangenheit (S. 15); Wortfamilie (S. 15)	Großschreibung (S. 11); Alphabet (S. 11); Wortbausteine (S. 15); Diktat (S. 15)	Selbstlaut, Umlaut (S. 92, 93); Diktat (S. 92); a/ä, au/äu (S. 92); Wortfamilie (S. 92); Großschreibung (S. 92, 93); Wortbausteine (S. 93); Satzzeichen (S. 93); Zusammensetzung (S. 93)
Oberbegriffe, Teilbezeichnungen (S. 16, 21); wörtliche Rede (S. 17); Wortbausteine (S. 18); Satzkern (S. 18); Eigenschaftswort (S. 19, 20)	Wortbausteine (S. 18); Mitlaut (S. 21); tz (S. 21); Mitlautverdopplung (S. 21); Großschreibung (S. 16, 21)	Wortbausteine (S. 94); nachschlagen (S. 94, 95); Zusammensetzung (S. 94); Oberbegriffe (S. 95); Groß- und Kleinschreibung (S. 94, 95)
Zeitwort (S. 22, 26); Oberbegriffe, Teilbezeichnungen (S. 25); Wortbausteine (S. 25, 26, 27); Vergangenheit (S. 26); Eigenschaftswort (S. 27); Großschreibung (S. 25, 26, 27)	Wortbausteine (S. 25, 26, 27); Diktat (S. 26); Selbstlaut, Umlaut (S. 26); Großschreibung (S. 25, 26, 27)	Diktat (S. 96); Selbstlaut, Umlaut (S. 96); Großschreibung (S. 97); Wortbausteine (S. 97, 98); Wortfeld (S. 97); Wortfamilie (S. 97); nachschlagen (S. 98); Zusammensetzung (S. 97, 98); Satzzeichen (S. 99); tz, ck (S. 99)
Vergangenheit (28, 31); wörtliche Rede (S. 32); Satzglieder, Umstellprobe (S. 32); Wortfamilie (S. 33)	Diktat (S. 31); Satzzeichen (S. 32); Selbstlaut, Umlaut (S. 33); nachschlagen (S. 33); tz, ck (S. 33)	Selbstlaut, Umlaut (S. 100); eu, au (S. 100, 101); nachschlagen (S. 100); Groß- und Kleinschreibung (S. 101); Diktat (S. 101)
Subjekt, Satzkern (S. 38, 39); Wen/Was-Ergänzung (S. 38, 39); Umstellprobe (S. 38); Wem-Ergänzung (S. 39)	Verschlußlaute im Anlaut (S. 35), im Auslaut (S. 37); nachschlagen (S. 37)	ß (S. 102, 103); ss (S. 102); Wortbausteine (S. 102); Silbentrennung (S. 102); Diktat (S. 102); d (S. 103, 104); b (S. 103); g (S. 103); t (S. 103); Satzzeichen (S. 104, 105); Groß-und Kleinschreibung (S. 104)
Wortfamilie (S. 43); Vergangenheit (S. 44); Wortfeld (S. 45); Wen/Was-Ergänzung (S. 45); Wem-Ergänzung (S. 45)	nachschlagen (S. 41, 43); a/ä (S. 43); e (S. 43); ei (S. 43); Diktat (S. 43)	a/ä (S. 106, 107, 108); Diktat (S. 106, 108); Silbentrennung (S. 106); au/äu (S. 107); Wortfamilie (S. 107); e (S. 108); eu (S. 108); Selbstlaut, Umlaut (S. 109)
Fragesatz (S. 47, 48); Begleiter (S. 50); Satzkern (S. 51); Wortbausteine (S. 51); Vergangenheit (S. 51)	Diktat (S. 46); nachschlagen (S. 46)	Selbstlaut, Umlaut (S. 109); Zusammensetzung (S. 109); Wortbausteine (S. 110)
Oberbegriffe, Teilbezeichnungen (S. 52); Wortbausteine (S. 55, 56); Eigenschaftswort (S. 55); Zusammensetzung (S. 57); Satzarten (S. 57); Zukunft (S. 57); Satzkern (S. 57)	nachschlagen (S. 53); Wortbausteine (S. 55, 56); Zusammensetzung (S. 57); Diktat (S. 57); Satzzeichen (S. 57)	Diktat (S. 111); nachschlagen (S. 111); Zusammensetzung (S. 111); Wortbausteine (S. 112); Silbentrennung (S. 112)
Fürwort (S. 59, 61); Wem-Ergänzung (S. 59, 61); Wen/Was-Ergänzung (S. 59, 61); Vergangenheit (S. 60); Aufforderungssatz (S. 63)	Großschreibung (S. 62); ß, ss (S. 63); Satzzeichen (S. 63)	das/daß (S. 113); Diktat (S. 113, 115); Silbentrennung (S. 113); ß (S. 114); dem/den (S. 114); Zusammensetzung (S. 114); nachschlagen (S. 114)
mehrere Bezeichnungen für etwas (S. 64); Wortfamilie (S. 65); Satzglieder (S. 66, 67); Wortbausteine (S. 67, 68); Eigenschaftswort (S. 69)	nachschlagen (S. 64, 65, 66); Diktat (S. 65); Satzzeichen (S. 66); dem/den (S. 66); Großschreibung (S. 67, 68, 69); Wortbausteine (S. 67, 68)	Kleinschreibung (S. 116); Wortbausteine (S. 116, 118); qu (S. 116); Diktat (S. 117); ng (S. 117); g (S. 117); Selbstlaut, Umlaut (S. 117)
Eigenschaftswort (S. 71, 74); Oberbegriffe, Teilbezeichnungen (S. 71, 72); Subjekt, Satzkern (S. 73)	Alphabet, nachschlagen (S. 70); Diktat (S. 75)	Wortbausteine (S. 118); Diktat (S. 119); Satzzeichen (S. 119); k (S. 119); ai (S. 120); ng (S. 120); z (S. 120); Silbentrennung (S. 120)
wörtliche Rede (S. 76, 79); Satzkern (S. 76, 80); Fragesatz (S. 80); Oberbegriffe, Teilbezeichnungen (S. 80); Satzglieder (S. 80); Fürwort (S. 81)	Satzzeichen (S. 76, 79, 80); Großschreibung (S. 81)	Diktat (S. 121); wem/wen (S. 121); Wortfeld (S. 121); Wortfamilie (S. 121); v (S. 122); Wortbausteine (S. 122)
Satzglieder (S. 84); Satzkern (S. 85); Satzarten (S. 84, 86); wörtliche Rede (S. 86)	Satzzeichen (S. 84, 86); tz (S. 87); st (S. 87)	a/ä (S. 123); Diktat (S. 123); Silbentrennung (S. 123); Wortfamilie (S. 123); Selbstlaut, Umlaut (S. 123, 124); z (S. 124); k (S. 124); ei (S. 124); au (S. 124); Wortbausteine (S. 125); ch (S. 126) chs (S. 126)

Diese Abkürzungen und Zeichen werden verwendet:

A mündlicher und schriftlicher Sprachgebrauch

G Sprache untersuchen

R Rechtschreiben

🦉 Zusatzaufgabe

🐿 leichtere Aufgabe

🦊 Merksatz

Mit dem Fahrrad unterwegs

4 Zwei Suchbilder A

1. Welche Unterschiede findet ihr bei den Suchbildern?
2. Schreibe auf, welche Fehler das zweite Bild enthält:
   Zwei Radfahrer fahren nebeneinander auf der Straße. ...
3. Hast du dich beim Radfahren oder als Fußgänger im Straßenverkehr auch schon einmal falsch verhalten? Schreibe die Geschichte auf.
4. Male ein Suchbild für die anderen. Schreibe die Lösung auf.

Mit dem Fahrrad unterwegs
Fahrt mit Hindernissen

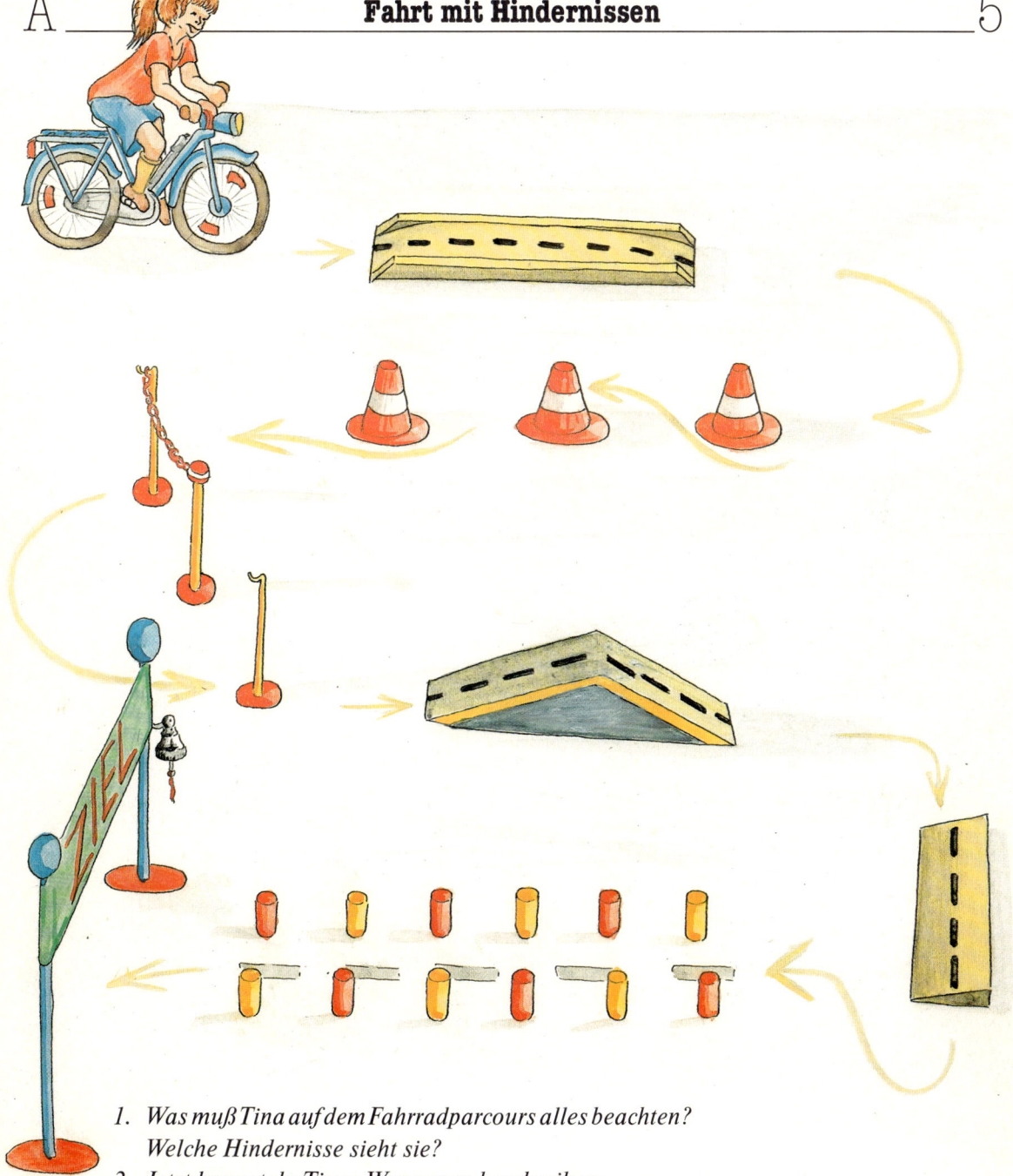

1. Was muß Tina auf dem Fahrradparcours alles beachten?
   Welche Hindernisse sieht sie?
2. Jetzt kannst du Tinas Weg genau beschreiben:
   Zuerst fährt Tina ...
3. Male einen anderen Fahrradparcours, und beschrifte
   die Hindernisse.
4. Male Verkehrsschilder, und schreibe daneben, was
   sie bedeuten.

6   Mit dem Fahrrad unterwegs
Ein Unfall — A

Auffahrunfall

Erheblicher Sachschaden entstand gestern gegen 17.30 Uhr an der Kreuzung Turmstraße/Schloßstraße, als ein Lkw auf einen Personenwagen auffuhr. Der 51jährige Pkw-Fahrer mußte scharf bremsen, weil vor ihm ein 10jähriger Radfahrer ohne Zeichen nach links abbog. Verletzt wurde niemand. Die Kreuzung war für eine halbe Stunde blockiert. Es bildete sich ein Stau.

Wie ist der Unfall geschehen?

1. Wer hat schuld? Bevor die Polizei kommt, streiten die am Unfall beteiligten Personen darüber.
2. Was sagst du zu diesem Streit? Wer hat recht? Schreibe deine Meinung auf.
3. Spielt das Streitgespräch.

Der Zeitungsbericht

1. Der Bericht links oben stand über den Unfall in der Zeitung. Was wußtest du davon noch nicht?
2. Ein Reporter befragt den Zeugen eines **anderen Unfalls** und notiert dies für seinen Bericht: 13 Uhr – 11jährige Radfahrerin – Marktstraße – bei Rot über Rathausstraße – Zusammenstoß mit Personenwagen – leicht verletzt – Sachschaden etwa 700 DM – Stau.
   Welche Fragen hat der Reporter gestellt?
3. Schreibe mit Hilfe der Reporternotizen einen Zeitungsbericht.
4. Erzähle von einem Unfall, den du gesehen hast.
5. „Mein Knie brannte zwar wie Feuer. Aber dann war ich doch froh, daß alles so gut abgegangen war."
   Schreibe eine Geschichte auf, die mit diesen Sätzen endet. Suche eine passende Überschrift dazu.

Ein **Bericht** gibt Antwort auf solche Fragen:
Wer hat **was – wann – wo** und **wie** getan?

A/G Mit dem Fahrrad unterwegs
Auf Radtour
7

Die Panne

Tina und Tim sind mit ihren Rädern unterwegs. Sie wollen heute einmal um den See fahren, das sind ungefähr 40 Kilometer. Plötzlich ruft Tim: „Warte doch mal!"
Er steigt ab, untersucht das Vorderrad und merkt, daß der Reifen platt ist. „Hast du Flickzeug dabei?" fragt Tina. Tim antwortet: „Ja, aber meine Tube mit Gummilösung ist eingetrocknet. Gibst du mir bitte deine?" Tina schaut in der Satteltasche nach und findet eine volle Tube. Sie ruft: „Da, fang auf!" Bald ist der Schlauch geflickt, und die beiden setzen ihre Fahrt um den See fort. „Wie hast du das Loch im Schlauch gefunden?" fragt Tina. „Rate mal!" lacht Tim.

1. Schreibe die Geschichte ab. Unterstreiche dann die Aussagesätze rot, die Fragesätze grün, die Aufforderungssätze blau.
2. Lies die Geschichte so vor, daß man die Aussagesätze, die Fragesätze und die Aufforderungssätze hören kann.
3. Schreibe die Fragesätze und die Antworten darauf heraus.
4. Welche Satzzeichen fehlen in den folgenden Sätzen? Schreibe die Sätze auf: Kannst du mir bitte helfen – Gib mir doch mal den Schraubenschlüssel – Halt das Rad fest – Dort muß der Flicken hin – Kommt noch Luft heraus – Jetzt sind wir fertig
5. Erfinde eine Geschichte zu den Wörtern: Fahrrad – Freund – Dunkelheit.

> Wir erzählen oder berichten in **Aussagesätzen**.
> Wir fragen mit **Fragesätzen**.
> Wir fordern jemanden auf, etwas zu tun. Wir bitten um etwas oder wünschen etwas. Dazu benützen wir **Aufforderungssätze**.
> Wir rufen etwas aus. Dazu benutzen wir **Ausrufesätze**.

„Mutti, darf ich heute auch einmal eine Radtour mitmachen?" bettelt Anne. „Martin hat mich eingeladen. Sein großer Bruder fährt auch mit." „Gut", antwortet die Mutter nach einigem Zögern. „Aber um sechs Uhr mußt du wieder zu Hause sein." Voll Freude verabschiedet sich Anne und holt ihr neues Fahrrad ...

1. Wie geht die Geschichte weiter? Schreibe sie auf.
2. Suche eine passende Überschrift.

Mit dem Fahrrad unterwegs
Sicherheit ist Trumpf

G/R

> Mit **Namenwörtern** benennen wir Menschen, Tiere, Pflanzen und Dinge. Namenwörter schreibt man **groß**. Das Namenwort nennt man auch **Nomen**. Namenwörter (Nomen) können **bestimmte Begleiter** (der, die, das) oder **unbestimmte Begleiter** (ein, eine) haben. Den Begleiter nennt man auch **Artikel**.

Fahrradteile

Satteltasche, Rücktrittbremse, Schlußleuchte, Handbremse, Werkzeugtasche, Gepäckträger, Rückstrahler, Gangschaltung, Tretstrahler, Tachometer, Luftpumpe, Scheinwerfer, Glocke, Kettenschutz, einwandfreie Bereifung, Speichenstrahler

1. Welche neun Teile sind für die Verkehrssicherheit des Fahrrads vorgeschrieben? Schreibe sie mit dem bestimmten Begleiter (Artikel) auf.
2. Hier kannst du prüfen, ob du die Aufgabe 1 richtig gelöst hast: richtig zusammengesetzt, nennen die Silben auf dem Rand die gesuchten neun Teile.
3. Wozu brauchst du die neun Teile? Schreibe Sätze auf:
   An meinem Fahrrad brauche ich eine Rücktrittbremse und eine Handbremse, damit ich schnell und sicher bremsen kann...

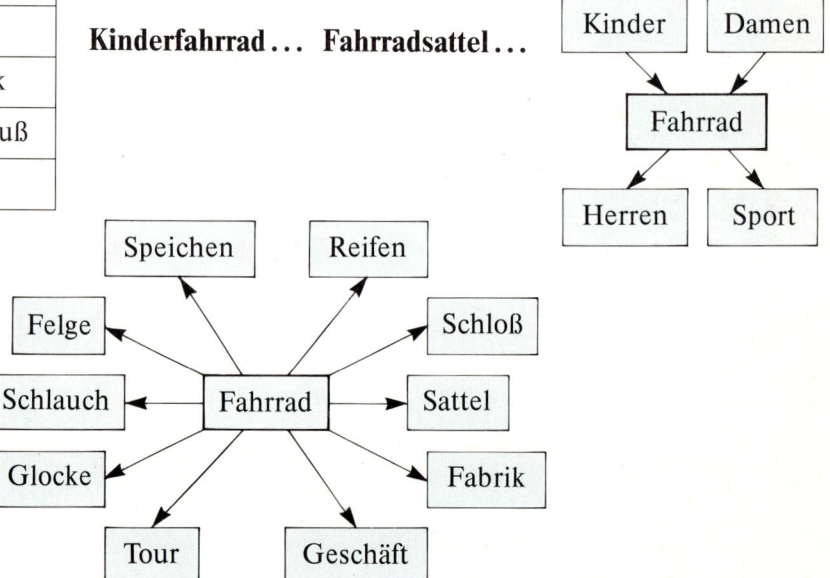

Be	brem	brem
ler	ler	ler
Spei	strah	strah
chen	ein	fer
leuch	rei	Rück
strah	te	Tret
freie	fung	Glok
Rück	Schein	Schluß
tritt	wand	wer
Hand	ke	
se	se	

Kinderfahrrad ... Fahrradsattel ...

Schreibe Sätze mit den zusammengesetzten Namenwörtern (Nomen) auf.

Mit dem Fahrrad unterwegs

G/R
Die Radfahrprüfung
9

Markus übt

Heute ist Markus besonders _früh_ aufgestanden. Er _will_ noch etwas _üben_, bevor _er_ die Radfahrprüfung ablegt. Zuerst schaut er sich um. Dann _fährt_ er _los_. Am Stoppschild _hält_ er an. Markus schaut nach _links_, dann nach _rechts_. Bevor er _abfährt_, schaut er noch einmal nach links. Die _Straße_ ist frei. _Schnell_ saust er _über_ die Kreuzung. Nun kommt er zur Ampel, _die_ gelbes Licht zeigt. „_Soll_ ich _bremsen_? Nein, das _schaffe_ ich schon noch", denkt Markus _und_ fährt etwas schneller. An der nächsten Straße gibt er ein Zeichen und _biegt_ nach rechts ab.

1. Welchen Fehler hat Markus gemacht?
2. Lies die unterstrichenen Wörter deutlich. Wie klingen die Selbstlaute und die Umlaute?
3. Lege eine Tabelle auf einem besonderen Blatt an:

langer Selbstlaut/Umlaut	kurzer Selbstlaut/Umlaut
früh, üben, …	will, hält, …

Trage dort die Wörter ein. Unterstreiche die langen Selbstlaute/Umlaute; die kurzen Selbstlaute/Umlaute bekommen einen Punkt. Dieses Blatt brauchst du später noch einmal.

4. Laß dir den Text „Markus übt" diktieren.

Gebote für Radfahrer

- äußerst rechts am Straßenrand hintereinander fahren
- möglichst Radwege benutzen
- nicht freihändig fahren
- niemanden auf dem Fahrrad mitnehmen
- sich nicht an andere Fahrzeuge (z. B. Traktoren) anhängen
- vor dem Abbiegen die Fahrtrichtung anzeigen
- beim Überholen, Vorbeifahren und Linksabbiegen das Zurückschauen nicht vergessen
- sich an Kreuzungen richtig einordnen
- stets das Fahrrad vor der Abfahrt auf Sicherheit überprüfen

1. Schreibe die Gebote als Aufforderungssätze auf: Fahrt ä …
2. Suche Wörter mit langem und Wörter mit kurzem Selbstlaut/Umlaut. Trage sie in deine Tabelle ein: Gebote, … – rechts, …
3. Ergänze deine Tabelle mit Wörtern zum Thema „Fahrrad".

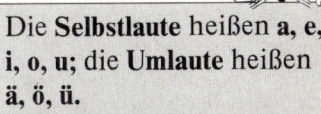

> Die **Selbstlaute** heißen **a, e, i, o, u**; die **Umlaute** heißen **ä, ö, ü**.
> Selbstlaute und Umlaute können **kurz** oder **lang** gesprochen werden.

In der Freizeit
Unterhaltung und Erholung

Schwimmen, wandern, …

> zuerst   danach
> dann
> schließlich
> zum Schluß

1. Ihr plant einen Wandertag in diesem Gebiet. Was könnt ihr dort erleben?
2. Plane einen Aufenthalt von sechs Stunden. Schreibe auf: *Zuerst …*
3. Was könnt ihr euch in eurer Umgebung, in eurem Ort oder in eurer Stadt selbst vornehmen? Stellt eine Liste zusammen.

In der Freizeit
Hobby, Sport und Spiel

A/G   11

Was macht ihr in der Freizeit am liebsten?

1. Jeder schreibt drei Dinge auf, mit denen er sich in seiner Freizeit gern beschäftigt.
2. Welche Freizeitbeschäftigung wird in eurer Klasse am häufigsten genannt?
3. Macht ein Interview über Freizeitbeschäftigungen in anderen Klassen. Fertigt eine Liste darüber an.

Was gehört zur Freizeit?

1. Welche Wörter fallen dir zum Thema „Freizeit" ein? Dalli, dalli ...
2. Diese Wörter fielen Tim und Tina ein:
   backen, basteln, lustig, Jugendherberge, angeln, Wolke, Zeit, toben, singen, Meer, fröhlich, Angst, stricken, malen, Tal, boxen, Ziel, Berg, See, radfahren, bummeln, Tennis, Fußball, Theater, Museum, Schach, klettern, lachen, kochen, weben, zwei, Kino, Bücherei, tanzen, Sonne, Freude, Spaß, lesen.
   Suche alle Zeitwörter (Verben) heraus: *angeln, ...*
3. Ordne die Zeitwörter (Verben) nach dem Alphabet.
4. Ordne die Namenwörter (Nomen) nach dem Alphabet. Schreibe sie mit dem Begleiter (Artikel) auf: *der Berg, ...*
5. Wie fühlst du dich in der Freizeit? Lustig, vergnügt, fröhlich, traurig, ... Schreibe Eigenschaftswörter auf, und notiere dazu passende Namenwörter (Nomen): *lustig – die Lustigkeit, ...*

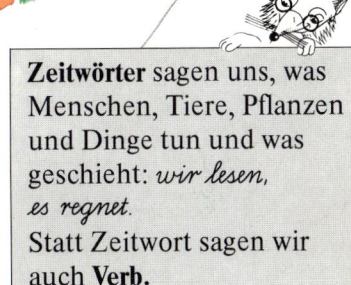

> **Zeitwörter** sagen uns, was Menschen, Tiere, Pflanzen und Dinge tun und was geschieht: *wir lesen, es regnet*.
> Statt Zeitwort sagen wir auch **Verb**.

> Mit **Namenwörtern** (Nomen) benennen wir auch Gefühle: *die Freude*.

Dein Freizeitprogramm

Was möchtest du in den nächsten zwei Wochen alles unternehmen?

1. Stelle dein Programm zusammen. So kannst du beginnen:

   Mein Freizeitprogramm

Wann?	Was?	Mit wem?	Wo/Wohin?
am 1.10.	Radtour	Rolf	zum See

2. Schreibe dann eine kleine Geschichte darüber.
   Gestern wollte ich ... Doch dann ...

12 — Im Zoo

In der Freizeit — G

Wer brüllt? Was hält der Affe?

| der Löwe, die Papageien, der Junge, die Besucher, der Affe, das Krokodil, der Tiger, der Seelöwe | eine Banane, das Maul, seine Zähne, Fische, die Nilpferde, einen Puma |

- brüllt
- kreischen
- fotografiert
- hält

- öffnet
- bestaunen
- fängt
- zeigt

1. Bilde aus den Wörtern Sätze, und schreibe sie auf.
2. Welche Eigenschaftswörter passen zu den Namenwörtern (Nomen)? Beschreibe Personen, Tiere und Dinge genauer:
   Der hungrige Löwe brüllt.
   Der begeisterte Junge fotografiert die riesigen Nilpferde.
3. Bilde aus den Sätzen von Aufgabe 2 Fragesätze, und schreibe sie auf.
4. Schreibe die folgenden Sätze auf, und rahme die Wörter grün, rot oder blau ein. Der Wärter holt einen großen Eimer. Er füttert die Raubtiere. Die Tiere fressen das Fleisch.

Wer sucht wen oder was?

Wer? — Wen? Was?

der junge Hund	sucht	die neue Puppe
die ängstliche Maus		das winzige Loch
der aufgeregte Vater		den dicken Obelix
das weinende Mädchen		seinen kleinen Sohn
der kleine Asterix		seinen alten Knochen

1. Schreibe Sätze auf: *Der junge Hund sucht …*
2. Du kannst auch lustige Sätze bilden.
3. Wer sucht noch jemanden oder etwas? Suche passende Wörter, und schreibe die Sätze auf.

A/G In der Freizeit — Geschichten erfinden 13

Wörter ziehen

Jede Gruppe schreibt mit grünem Filzstift Fürwörter, Namenwörter (Nomen) und Namenwörter mit Eigenschaftswörtern auf verschiedene Zettel: ich, du, Tim, der Hund, die junge Frau, der freche Pudel, wir, ihr, Tim und Tina, ...

Auf andere Zettel schreibt ihr mit rotem Filzstift Zeitwörter (Verben): spielen, basteln, verstecken, aufräumen, suchen, ...

Mit blauem Filzstift schreibt ihr solche Namenwörter (Nomen) auf weitere Zettel: Flöte, Knochen, Buch, Raumschiff, Ball, Puppe, ...

1. Jeder Mitspieler zieht einen grünen, einen roten und einen blauen Zettel:

   | ich | verstecken | Raumschiff |

   Der erste Zettel enthält, **wer** etwas macht, z. B. *ich*.
   Der zweite Zettel zeigt, was jemand **macht** oder was **geschieht**: *verstecken*.
   Bei dem dritten Zettel erfahrt ihr, **wen** oder **was** das Subjekt versteckt: *Raumschiff*.
   Daraus kann man nun verschiedene Sätze bilden:
   Ich verstecke das Raumschiff. Oder: Das Raumschiff verstecke ich. Oder: Verstecke ich das Raumschiff?

2. Bilde aus den Wörtern der Übung „Wörter ziehen" weitere Sätze, und stelle sie um.

3. Schreibe eine Geschichte, in der drei oder mehr der gezogenen Wörter vorkommen.

4. Bilde aus den folgenden Wörtern fünf Sätze, und schreibe sie auf: Tim, Tina, die Mutter, der kleine Pudel, wir singen, kommen, bellen, lachen, spielen.
   Tim lacht. ...

Freizeit im Jahre 2222

Jan kam gestern früher als sonst aus der Schule. Er überlegte. Dann zog er sich rasch seinen Raumanzug an und fuhr gleich zum Weltall-Flughafen. Jan hatte Glück. Er erreichte das Raumschiff zum Mars gerade noch.

Was erlebte Jan an diesem Tag? Erzähle die Geschichte weiter.

Ein Satz hat **Satzglieder**.
Das **Subjekt** sagt uns, **wer** was macht:
ich, du, ein alter Mann, Tina, ...
Das **Prädikat** (der Satzkern) sagt uns, was das Subjekt **macht**:
ich spiele, du bastelst, er sucht, ...

Satzglieder kann man umstellen.

Manche Sätze bestehen nur aus Subjekt und Satzkern (Prädikat):
Ich spiele.
Aber: Ich verstecke wäre nicht vollständig. Wir brauchen noch eine Ergänzung: Wen oder was verstecke ich?
Ich verstecke das Raumschiff.
In diesem Satz ist das Satzglied **das Raumschiff** die **Wen/Was-Ergänzung**.
Wen oder was verstecke ich? das Raumschiff.

In der Freizeit
Emil und die Detektive

Am nächsten Tag ging der Mann zur Bank, um sich die 140 DM wechseln zu lassen. Emil erzählte den Bankbeamten seine Geschichte. „Ja, kannst du denn beweisen, daß es dein Geld ist?" fragten sie.

Bald darauf erreichte der Zug Berlin. Emil suchte den Mann mit dem steifen Hut in der Menschenmenge auf dem Bahnsteig. Dort! Dort! Das war der Kerl! Emil versteckte sich und verfolgte den Mann bis zu einem Café und später bis zu einem Hotel.

Emil fuhr mit dem Zug zu seiner Großmutter nach Berlin. Außer ihm war nur noch ein Mann mit steifem Hut im Abteil. Das gefiel Emil gar nicht; denn er hatte 140 DM für seine Oma in der Tasche. Endlich kam ihm ein Gedanke. Er nahm eine Nadel, steckte sie erst durch die drei Scheine, dann durch das Kuvert und schließlich durch das Anzugfutter.

Emil schlief ein. Als er wieder aufwachte, war der Mann mit dem steifen Hut fort. War das Geld noch da? Emil griff sich langsam in die rechte innere Tasche. Die Tasche war leer. Das Geld war fort. Nichts als die Stecknadel war übriggeblieben.

1. In welcher Reihenfolge geben Bilder und Texte einen Sinn? Schreibe die Geschichte mit deinen Worten auf.
2. Wie konnte Emil beweisen, daß es sein Geld war, das der Mann wechseln wollte?
3. Wie könnte die Geschichte weitergehen? Erzähle.
4. Erfinde mit deinem Partner eine eigene Bilder-Krimi-Geschichte.

R/G

In der Freizeit
Draußen und im Haus
15

Tor!
Heute spielen Tim und seine Freunde auf dem Sportplatz Fußball. Gleich nach dem Anspiel bekommt Uli den Ball. Er läuft auf das Tor zu und will schießen. Im letzten Augenblick wehrt Achim mit seinem Fuß ab. Der Ball rollt zu Stefan. Axel ärgert sich: „Warum hast du nicht abgegeben? Ich hätte bestimmt ein Tor geschossen." Kurz darauf jubelt die andere Mannschaft und freut sich über das 1:0. Stefan hat es erzielt. Erst in der letzten Minute kann Tim auf ein Zuspiel von Uli ausgleichen.

1. Schreibe alle Zeitwörter (Verben) heraus.
2. Zerlege die Zeitwörter (Verben) in den Wortstamm und in die Wortbausteine, die du davorstellen oder anfügen kannst: spiel|en, be|komm, ...
3. Zu welchen Verben findest du passende Namenwörter (Nomen)? spielen – das Spiel, laufen – der Lauf, ...
4. Schreibt den Text als Partnerdiktat.
5. Schreibe die Geschichte in der Vergangenheit auf:
   Tor!
   Gestern ...

Spiel, komm, ... sind Teile von Zeitwörtern (Verben). Solch ein Wortteil heißt Wortstamm; **en, e, st, t** sind die Wortendungen.

Ein Wortbauspiel: Wörter bauen

1. Welche Wörter kannst du aus den Wortbausteinen vom Rand mit den Stämmen **spiel** und **nehm** bilden? Schreibe sie auf. Durch das Zusammenbauen mit Wortbausteinen wie ab, vor bekommt ein Zeitwort (Verb) meist einen anderen Sinn: Stefan will Ball spielen. Tina wird morgen vorspielen. Uli soll den Ball abspielen.
2. Bilde mit den Wortbausteinen vom Rand andere zusammengesetzte Zeitwörter (Verben): laufen – ablaufen – ...
3. Schreibe Sätze zu den Wörtern aus Aufgabe 2.
4. Schreibe einige der zusammengesetzten Zeitwörter (Verben) in der Gegenwart, in der Vergangenheit und in der vollendeten Gegenwart auf:
   er spielt ab – er spielte ab – er hat abgespielt, ...

Wortbausteine: her, vor, ent, an, ein, be, zer, ge, auf, en, weg, ver, ab

Zeitwörter (Verben) sagen uns, **wann** etwas geschieht. Sie geben eine **Zeit** an.
Er spielt ab. **(Gegenwart)**
Er spielte ab. **(Vergangenheit)**
Er hat abgespielt.
(vollendete Gegenwart)

16 Beim Einkaufen

Einkauf, Verkauf und Werbung — A

Hauswegweiser

6. Obergeschoß
Cafe/Restaurant
Öffentlicher Fernsprecher

5. Obergeschoß
Lampen/Elektrogeräte
Möbel

4. Obergeschoß
Haushaltwaren/
Geschenkartikel/Glas/Porzellan
Packtischkasse

3. Obergeschoß
Gardinen/Teppiche/Betten

2. Obergeschoß
Schuhe/Lederwaren
Radio/Fernsehen/Schallplatten
Spielwaren/Kinderwagen-möbel
Sportartikel/Autozubehör/Zweiräder
Heimwerker/Hobby/Ausstellfläche
Schuh- und Schlüsseldienst

1. Obergeschoß
Weißwaren/Taschentücher
Kinderparadies/Baby-Abteilung
Knaben- und Mädchenbekleidung
Miederwaren/Badewäsche
Damenwäsche/Damenstrickmoden
Schürzen/Herrenkonfektion
Blusen/Röcke/Hosen
Damenmäntel/Damenkleider
Pelze/Damenhüte/Lederbekleidung

Kundendienstbüro/Kreditvermittlung
Versicherungs-Fundbüro

Erdgeschoß
Information/Reisebüro
Kuchenverkauf/Süßwaren
Bücher/Parfümerie
Schreibwaren/Büromaschinen
Uhren/Bijouterie/Echtschmuck
Modewaren/Damenstrümpfe
Foto-Optik/Kleinlederwaren
Herrenausstatter
Herrenartikel/Herren-Wollwaren
Herrenstrümpfe/Herrentrikotagen
Stoffe/Schnittmuster
Kurzwaren/Handarbeiten
Schnellfoto/Fotokopieren

Untergeschoß
Lebensmittelabteilung
Frischfleisch/Frischfisch
Bestellannahme/Cafeteria
Tabakwaren/Zeitschriften

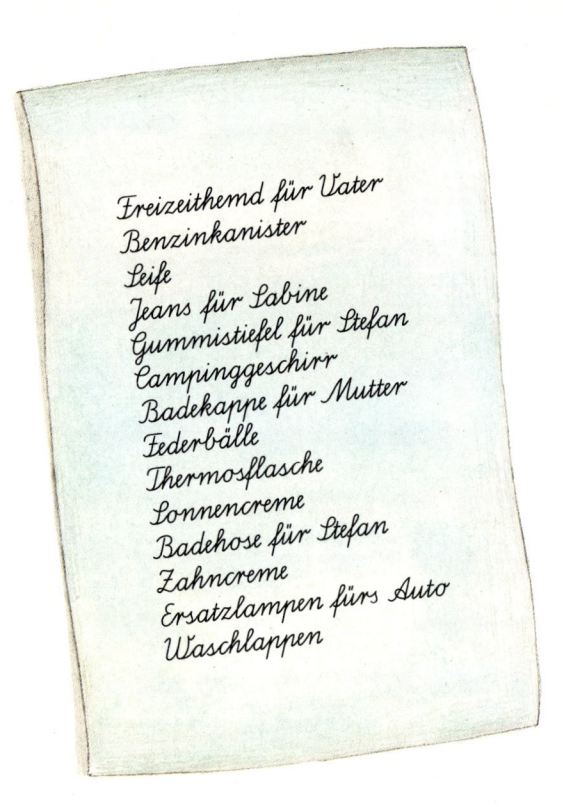

Freizeithemd für Vater
Benzinkanister
Seife
Jeans für Sabine
Gummistiefel für Stefan
Campinggeschirr
Badekappe für Mutter
Federbälle
Thermosflasche
Sonnencreme
Badehose für Stefan
Zahncreme
Ersatzlampen fürs Auto
Waschlappen

Familie Schubert kauft ein

Am Wochenende möchte Familie Schubert ihren neuen Wohnwagen einweihen. Für die Fahrt muß sie noch einiges besorgen. Mit Hilfe eines Einkaufszettels kauft sie im Kaufhaus ein.

1. Wie kann man den Zettel so schreiben, damit Schuberts Einkauf schneller geht und sie nichts vergessen?

2. Welche Reihenfolge haben deine Mitschüler gewählt? Besprecht eure Lösungen.

In Kleinstädten oder Dörfern gibt es häufig keine großen Kaufhäuser. In welche Geschäfte müßte Familie Schubert gehen, um alle Besorgungen zu erledigen?

3. Fertige eine Tabelle an, und trage ein:

Drogerie	Spielwarenladen	...
Seife		

Einkauf, Verkauf und Werbung
Taschengeld

Zu diesen Bildern hat Stefanie eine Geschichte mit der Überschrift „Sparen ist gar nicht so einfach" geschrieben:

Ich bekam gestern Taschengeld. Ich bekomme 10 DM im Monat. Ich dachte: „Morgen stecke ich 5 DM ins Sparschwein." Ich ging heute vor der Schule am Bäckerladen vorbei und ... Und dann kam ich nach der Schule am Zeitungskiosk vorbei und ... Und dann sah ich nachmittags das Eisschild ... Und dann ... Und dann habe ich abends ... ins Sparschwein gesteckt.

1. Lies die Geschichte, und überlege dir, wie du die Lücken füllen willst.
2. Was gefällt dir an Stefanies Geschichte nicht? Denke an abwechslungsreiche Satzanfänge und an treffende Ausdrücke.
3. Schreibe eine eigene Geschichte zu den Bildern.
4. Was tust du mit deinem Taschengeld? Schreibe eine Geschichte über deine Erfahrungen.

> Auch wenn wir aufschreiben, was jemand denkt, verwenden wir die Redezeichen.

Einkauf, Verkauf und Werbung

18 Verkaufen will gelernt sein — A/G

Verkaufsgespräch

Die Verkäuferin lächelt freundlich: „Was wünschst du?" „Oh, ich möchte leichte Sommerschuhe in Größe 38", antwortet Sandra. Die Verkäuferin holt einen Stapel Schuhkartons und packt einen Schuh nach dem anderen aus. Geduldig hört sie sich an, was Sandra zu bemängeln hat: „Der Schuh ist mir zu eng." – „Die Sandalette ist zu offen. Haben Sie keine, die geschlossener ist?" – „Der Absatz ist zu hoch."...
Die Verkäuferin wird immer mürrischer. Es fällt ihr immer schwerer, höflich zu bleiben. Doch sie muß weitere Schuhe aus dem Lager holen. ...

1. Spielt die Verkaufsszene: Wie verändert sich dabei das Verhalten der Verkäuferin?
2. Sandra versteht gar nicht, warum die Verkäuferin so mürrisch wird. Versteht ihr das?
3. Man kann Kritik auch anders äußern. Spielt ein besseres Verkaufsgespräch.
4. Schreibe die Geschichte aus der Sicht der Verkäuferin auf: *Heute morgen kam ... in unser Geschäft. Ich fragte freundlich ...*

Tina spielt Verkaufen

Bevor Tina mit dem Spiel beginnen kann, muß sie ihren Kaufladen auf.... Mit einem Tuch...sie die Regale ab. Anschließend holt sie die Ware und...die Regale auf. Spielsachen, die nicht in den Kaufladen gehören,...sie weg.
Nun beginnt das Spiel. Tina...ihre Sonderangebote an. Sie ...Mehl ab und...Wurst auf. Die Milch...sie in Flaschen ab. Sie...ihre Kunden und lächelt sie freundlich an. Die Kunden ...und...die gekauften Waren ein.

abfüllen
abladen
ablegen
abreißen
abwiegen
abwischen
anpreisen
anstellen
auffüllen
aufräumen
aufschneiden
bedienen
bezahlen
einpacken
weggehen
weglaufen
wegräumen
wegstellen

1. Auf dem Rand stehen Zeitwörter (Verben) in der Grundform. Welche Verben passen in die Lücken? Schreibe den Text auf.
2. Fertige eine Tabelle an:

Grundform	Personalform
aufräumen	räumt ... auf
abwischen	wischt ... ab

3. Schreibe vom Rand alle „ab"-Wörter ab: *abladen, ...*

Einkauf, Verkauf und Werbung
Überall gibt es Werbung

Die Geschichte vom Schaumbad

Ein Mann sah jeden Abend das Werbefernsehen, und dann kaufte er alles, wofür Reklame gemacht wurde.

Einmal zeigte ein wunderschönes Mädchen einen neuen Badeschaum, durch den sollte jeder gesund und glücklich werden. Sofort kaufte der Mann drei große Packungen von diesem Schaumbad.

Er wollte auf einen Schlag gesund und glücklich werden, darum schüttete er sich gleich eine ganze Packung in die Badewanne. Er plätscherte ein bißchen, und schon gab es schönen weißen Schaum. Er plätscherte weiter, und der Schaum stieg immer höher. Plötzlich saß der Mann bis zur Nase wie in steifem Eierschnee. Er schnappte nach Luft und schlug um sich. Dicke Schaumflocken stoben hoch, und dann ging es erst richtig los: Der Schaum plusterte sich auf und schwoll dem Mann über den Kopf und schäumte bis zur Zimmerdecke. Der Mann fühlte sich kein bißchen gesund und glücklich. Er sah nur noch Weißes, er hatte die Nase und die Ohren voll Schaum, er strampelte und boxte und schrie: „Aufhören, aufhören!" Und dabei verschluckte er sich auch noch an dem Zeug. Seine Frau und die Kinder rissen erschrocken die Tür auf. Eine dicke weiße Schaumwolke quoll aus dem Badezimmer, und oben in der Wolke hing der Mann und ruderte mit Armen und Beinen und japste und hustete und spuckte.

Ursula Wölfel

1. Welchen Fehler hat der Mann begangen? Wie könnte der Badeschaum heißen?
2. Schreibe auf, wie du auch einmal auf Werbung hereingefallen bist.
3. Mit welchen Worten hat das wunderschöne Mädchen den Schaum angepriesen? Erfindet passende Werbesprüche.
4. In der Werbung werden viele Eigenschaftswörter (Adjektive) verwendet. Aus welchen Wörtern sind die Adjektive auf dem Rand zusammengesetzt? Schreibe so auf:
   hauchzart – zart wie ein Hauch, ...
5. Bilde aus diesen Namenwörtern (Nomen) und Eigenschaftswörtern (Adjektiven) zusammengesetzte Eigenschaftswörter: Feder, Himmel, Eis, Blitz, Tag, Butter, Schnee, weiß, leicht, kalt, blau, schnell, weich, hell.
6. Mit diesen zusammengesetzten Eigenschaftswörtern kannst du Werbesprüche erfinden. Schreibe auf:
   Das neue Waschmittel Tentil wäscht schneeweiß. ...

hauchzart, goldbraun, aprilfrisch, blitzblank, samtweich, honigsüß,

Eigenschaftswörter sagen uns, wie Menschen, Tiere, Pflanzen, Dinge aussehen oder wie sie sind.
Das Eigenschaftswort nennen wir auch **Adjektiv**.

Einkauf, Verkauf und Werbung
Anzeigenwerbung

Anzeigen-Collage mit folgenden Texten:
- GRÖSSER · SICHERER · SCHNELLER SCHLEUDERFEST UND SCHLEUDERSICHER; DAS AUTO FÜR SIE
- Klassesauber- blitzblanksauber wird jetzt alles was Du hast.
- meeresfrische Meeresfrische
- Jung- preiswert- gut
- Feinwürzig
- KNUSPER FRISCH
- DIE SANFTSCHARFE WÜRZE
- Vom Schönsten das Schönste für Dich!
- Hast Du heute schon Dein Tymepin gehabt? Zungenmild, winterfrisch, abendkühl
- Für die zarteste Haut: sanftwaschen mit Loftan!

> Viele Eigenschaftswörter (Adjektive) kann man **steigern**:
> *leicht, leichter, am leichtesten.*

1. Suche alle Eigenschaftswörter (Adjektive) heraus, die in den Anzeigen vorkommen.
2. Einige Eigenschaftswörter (Adjektive) sind in der Grundstufe, andere jedoch in der 1. oder in der 2. Steigerungsstufe angegeben. Fertige eine Tabelle an, und trage ein. Von den zusammengesetzten Eigenschaftswörtern (Adjektiven) schreibst du nur das Grundwort in deine Tabelle.
   Du trägst dort also nur „fest" ein statt „schleuderfest".

Grundstufe	1. Steigerungsstufe	2. Steigerungsstufe
gut	besser	am besten

3. Spiel: Drei Marktfrauen preisen ihre Äpfel an. Die erste ruft: „Meine Äpfel sind gut!" Die zweite ...:
4. Vergleicht eure Schulsachen:
   Mein Füller schreibt gut. ...
5. Es gibt Eigenschaftswörter (Adjektive), die man nicht steigern kann: *stumm, viereckig, ganz, ...*
   Fallen dir noch mehr Beispiele ein?

Einkauf, Verkauf und Werbung
Reklameschilder und Werbesprüche
R | 21

(Bildcollage mit Schildern:) Fußball, Lebensmittel, Pa…, Radiergu…, Pudding, Watte, Spielzeug, Körperpflege, Fettcreme, Schwimmtiere, Kaffee, Schwärme…, Fertigsu…, Kartoffeln, Haarwa…, Schreibwaren, Brettspiele, Waschlappen, Sonnenöl, Butter, Käse, Füllfederhalter, Mineralwasser

Schilder im Kaufhaus

Eine Druckerei hat Etiketten und Hinweisschilder für ein großes Kaufhaus gedruckt. Nun müssen die Schilder noch nach Abteilungen sortiert werden. Kannst du helfen?

1. Ordne die Namen in Gruppen (z.B. Lebensmittel, ...), und ergänze dabei die verdeckten Buchstaben.
2. Unterstreiche die doppelten Mitlaute.

> Die Selbstlaute heißen a, e, i, o, u. Die Umlaute heißen ä, ö, ü.
> Alle anderen Buchstaben des Alphabets heißen **Mitlaute**.

Werbesprüche

Eine Werbeagentur ist ständig auf der Suche nach Reimwörtern.

Wie viele Wörter findest du? Nimm das Wörterbuch zu Hilfe.

Katzen	Netz	Schatz	sitzen	setzen	Sitz	Pfützen
kr_____	Ges_____	Pl_____	fl_____	verl_____	W_____	n_____
pl_____		S_____	bl_____	p_____	Sp_____	sch_____
			schw_____	h_____	Bl_____	st_____

Von der Arbeit
Verschiedene Berufe

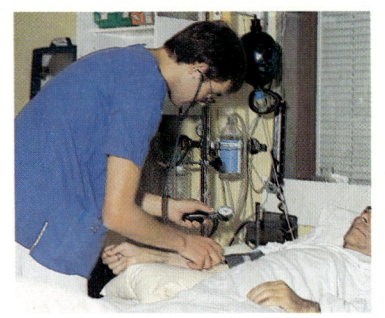

22   A

1. *Was möchtest du werden?*
2. *Welche Berufe sind auf den Bildern dargestellt? Suche die passenden heraus, und schreibe sie auf: Postbote, Bankangestellte, Krankenpfleger, Lehrerin, Bergmann, Bäuerin, Seemann, Architekt, Hausfrau, Polizist, Arbeiter, Verkäuferin, Ärztin, Bäcker, Friseur, Busfahrer, Schreiner, Bauer.*
3. *Zu welchen Berufen passen diese Tätigkeiten: planen, heilen, zeichnen, lehren, bauen, pflanzen, säen, ernten, verkaufen, untersuchen, bohren, lenken, pflegen, hobeln, austragen, bedienen, kochen, waschen, bügeln, schneiden, zählen? Schreibe Sätze auf:* Der Postbote trägt Briefe aus. ...
4. *Welche Berufe kennst du noch? Schreibe sie wie in der vorigen Aufgabe mit einer wichtigen Tätigkeit auf.*
5. *Es gibt viele Sprichwörter zur Arbeit. Schreibe drei Sprichwörter auf: Wie die Arbeit, so der Lohn. Erst die Arbeit, ...*
6. *Erinnere dich an ein Ereignis, zu dem eines der Sprichwörter paßt. Schreibe die Geschichte auf.*

Arbeit und Hobby

Von der Arbeit

Eine Vase aus Ton

Frau Singer ist Töpferin und beschreibt, wie sie eine Vase anfertigt:

„Ich stelle mir vor, wie groß meine Vase werden soll, und trenne mit einem Draht ein entsprechend großes Stück Ton von einem großen Klumpen ab. Ich knete und prüfe, ob der Ton geschmeidig genug ist. Es dürfen keine Luftlöcher und keine Klumpen in der Masse sein. Ich setze den Ton fest auf die Töpferscheibe. Während die Scheibe anfängt, sich zu drehen, drücke ich beide Daumen in die Mitte des Tonklumpens. Allmählich entsteht eine kleine Mulde, dann eine flache Schüssel. Mit meinen Händen forme ich weiter, bis eine Vase entsteht, wie ich sie mir vorgestellt habe.

Damit die Form fest wird, muß die Vase mehrere Tage trocknen. Erst danach kann ich mit dem Bemalen und dem Glasieren beginnen. Beides ist eine besondere Kunst. Zum Schluß macht das Brennen bei großer Hitze im Brennofen die Vase fest und beständig für den täglichen Gebrauch."

1. Lies die Beschreibung! Zu welchen Sätzen findest du Bilder?
2. Bringe die Bilder in die richtige Reihenfolge.
3. Erzähle, wie du schon einmal selbst getöpfert hast.
4. Auch Schuhe putzen ist Arbeit. Schreibe auf, wie du deine Schuhe pflegst. Diese Wörter helfen dir: Erdklumpen, Sohle, weiße Ränder, Nässe, Absatz, Oberleder, Nähte, Lappen, Bürste, Schuhcreme, kleben, trocknen, abkratzen, einreiben, säubern, polieren, abwaschen. Denke beim Schreiben an die Reihenfolge, in der du beim Putzen vorgehst.
5. *Ich putze meine* ... (Stiefel, Badeschuhe, Handschuhe, Turnschuhe, Fußballschuhe, Halbschuhe, Schnürsenkel, Lederschuhe, Sandalen, Laufschuhe, ...)
6. Wenn ihr ein Aquarium, ein Terrarium oder eine Pflanzenecke habt, müßt ihr sie pflegen. Das ist auch Arbeit. Schreibt eine Pflegeanleitung.

Von der Arbeit

24 Till Eulenspiegel nimmt es sehr genau A

Till beim Bauern

Wißt ihr noch, wie Till einmal Eulen und Meerkatzen gebacken hat? Bald darauf wollte er die Landwirtschaft kennenlernen und ging deshalb zum Bauern Heinrich. Gleich am ersten Tag sagte der Bauer zu Till: „Wir haben hier viel Arbeit. Deshalb gehen wir mit den Hühnern zu Bett." Till meinte: „Das will ich dann auch tun." Bauer Heinrich war zufrieden. Gegen Abend, die Bäuerin schlief schon, und der Bauer legte sich gerade in sein Bett, hörte man aus Tills Zimmer seltsame Geräusche. ...

1. *Könnt ihr euch denken, wie die Geschichte weitergeht?*
2. *Was hat der Bauer wohl als nächstes zu Till gesagt? Was hat Till darauf geantwortet?*
3. *Zwei von euch können die Geschichte auch spielen.*

Eulenspiegelgeschichten

Bauer Heinrich flüstert Till zu: „Heute abend wollen wir meine Frau einmal tüchtig auf den Arm nehmen."
Ein Handwerksbursche sagt zu Till: „Machst du mit? Wir führen den Meister an der Nase herum."

1. *Suche dir eine der beiden Redensarten aus, nimm sie wie Till wörtlich, und schreibe eine Geschichte dazu.*
2. *Male ein Bild zu deiner Geschichte.*
3. *Was bedeuten die Redensarten wirklich? Schreibe auf.*

Welche Redensart paßt dazu?

Bernd hat eine schlechte Note bekommen. Stefan ist schadenfroh und erzählt es überall. Tina sagt zu Stefan: „Das brauchst du nicht ..."

Claudia erklärt ihrem Bruder Stefan die Aufgabe immer wieder. Stefan versteht sie nicht. Claudia wird ärgerlich: „Sag mal, hast du ...?"

Christian hat sich schon wieder eine Kassette gekauft. Dabei hat er schon so viele. Tim sagt zu Tina: „Ich finde, der Christian ..."

1. *Lies die Sprechblasen, und ergänze die Texte.*
2. *Denke dir passende Texte zu den übrigen Redensarten aus.*

- an die große Glocke hängen
- ein Brett vor dem Kopf haben
- den Kopf verlieren
- sein Geld zum Fenster hinauswerfen
- große Töne spucken

Von der Arbeit
Was wollt ihr werden?

Ruth möchte berühmt werden

Tina und Ruth sprechen über Berufe. Ruth erzählt: „Zwei meiner Freundinnen wollen Sekretärinnen werden. Aber ich würde gern später einmal berühmt sein. Dann wäre ich mit vielen (Schauspielerin, Schauspielerinnen), mit einigen (Sängerin, Sängerinnen), mit einer Menge (Sportlerin, Sportlerinnen), mit mehreren (Tänzerin, Tänzerinnen) und vielleicht sogar mit einer (Königin, Königinnen) befreundet."
Tina sagt: „Ich schau einmal in der Zeitung nach, welche Stellen angeboten werden. Hier: das Krankenhaus braucht dringend zwei (Ärztin, Ärztinnen), einige (Pflegerin, Pflegerinnen) und (Laborantin, Laborantinnen). Auch (Verkäuferin, Verkäuferinnen) werden von verschiedenen Firmen gesucht."

1. Schreibe den Text auf. Setze dabei die richtigen Wörter aus den Klammern ein.
2. Schreibe die Wörter mit den nachgestellten Wortbausteinen in in der Einzahl und in der Mehrzahl auf:
   die Freundin – die Freundinnen, die Sekretärin – die …,
3. Trenne die Mehrzahlformen in Silben:
   Freun - din - nen, Se - kre - tä - rin - nen, …
4. Wie heißen die Berufe aus Aufgabe 2 für einen Mann?
   Schreibe auf: *der Sekretär, …*

Was könnte Tim werden? Was könnte Tina noch werden?

Tim kann Lehrer oder Schneider, Koch, Arzt, Gärtner, Architekt, Krankenpfleger, Bauer, Gastwirt, Bäcker werden.

1. Fallen dir noch mehr Berufe für Tim ein?
2. Schreibe die entsprechenden Berufe für Tina in der Einzahl und in der Mehrzahl auf. Rahme in und innen ein.

Berufe raten (Pantomime)

Einer von euch denkt sich einen Beruf. Er überlegt, welche Bewegungen für diesen Beruf wichtig sind. Diese Bewegungen macht er der Klasse vor, ohne zu sprechen. Wer den dargestellten Beruf als erster rät, darf als nächster vorspielen. Wählt auch schwierige Berufe, z. B.: Zoowärter beim Waschen des Elefanten, Bademeister, Reporter beim Tennis, …

Der nachgestellte Wortbaustein in macht aus *Schneider: Schneiderin.* In der Mehrzahl verdoppeln wir n: *Schneiderinnen.*

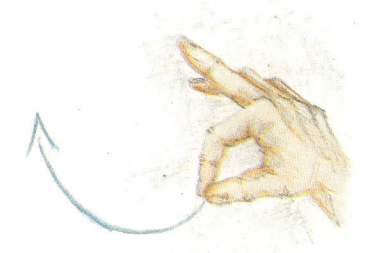

Von der Arbeit
Früher und heute

In der Werkstatt und in der Fabrik

Früher gab es noch keine Schuhfabriken. Ein Schuhmacher fertigte im Durchschnitt ein Paar Schuhe am Tag. Dabei verrichtete er alle Arbeitsgänge selbst.

In der Schuhfabrik arbeiten viele Männer und Frauen an Maschinen. Jeder führt immer nur einen kleinen Teil der Arbeit aus. In ungefähr 120 verschiedenen Arbeitsgängen bereiten sie die 15 bis 20 Einzelteile eines Schuhs vor und fügen sie zusammen. Manche sortieren das Leder, andere schneiden es zu, eine Gruppe schrägt die Ränder ab, eine vierte schneidet das Futter zu. Dann kleben oder nähen die Arbeiterinnen und die Arbeiter das Leder und das Futter Stück um Stück zusammen. Zuletzt befestigt man den Absatz und poliert den Schuh. 100 Arbeiter stellen etwa 400 Paar Schuhe am Tag her.

1. Wir üben zuerst die Zeitwörter (Verben). Schreibe sie in der Grundform, in der Gegenwart, in der Vergangenheit und in der vollendeten Gegenwart auf:
   geben – es gibt – es gab – es hat gegeben, ...
2. Laßt euch den Text diktieren.
3. Frage deine Großeltern und deine Eltern, wie sie früher gearbeitet haben. Schreibe eine Geschichte darüber.

Viele Familiennamen stammen von Berufen ab

Schreiner, Tischler, Jäger, Gärtner, Maurer, Richter, Näher, Förster, Maler, Bauer, Schreiber, Müller, Weber

1. Ordnet die Namen nach dem Alphabet.
2. In welchen der Namen stecken Zeitwörter (Verben)?
   Jäger – jagen, ...
3. Suche im Telefonbuch noch 20 Familiennamen mit dem Wortbaustein |er| am Ende, und schreibe sie auf.
4. Welche Familiennamen passen zu diesen Zeitwörtern (Verben): singen, springen, schreien, treiben, sägen, falten, laufen, stören, rollen? Schreibe so auf:
   singen – Singer oder Sänger, ...
5. Schreibe noch zehn weitere Zeitwörter (Verben) und dazu passende Familiennamen auf.

Von der Arbeit

G/R **Ein Tanklastzug und eine Baustelle** 27

Tina an der Tankstelle

In der Nähe der Wohnung von Tina, Tim und ihren Eltern steht eine neue Tankstelle. Heute sieht Tina dort einen riesigen Tanklastzug stehen, der große Mengen von Benzin bringt. In der Waschhalle drehen sich nasse Bürsten, mit denen ein schmutziges Auto gereinigt wird. Auf der Hebebühne steht ein Wagen, bei dem ein Mechaniker gerade die Radmuttern abschraubt. „Vielleicht tauscht er die Bremsklötze aus", vermutet Tim. Tina meint: „Oder das Auto bekommt neue Reifen."

1. Schreibe die Eigenschaftswörter (Adjektive) heraus: *neu, ...*
2. Bei welchen Namenwörtern (Nomen) paßt der unbestimmte Begleiter (Artikel)? Schreibe sie auf: *eine Tankstelle, ...*

Wortbausteine

Bausteine links: wohn, keit, heit, keit, heit, ung, heit, ung, heit, dumm, wahr, erzähl, echt, möglich, ähnlich, krank

Bausteine rechts: isch, sam, sam, sam, los, kost, los, spar, bar, bar, bar, Dank, lieb, Neid, lang, brenn, bieg, Baum

1. Auf der linken Seite liegen Bausteine für Namenwörter (Nomen). Baue die Namenwörter zusammen, und schreibe sie mit dem Begleiter (Artikel) auf. Achte auf die Großschreibung: *die Erzählung, die Möglichkeit, ...*
2. Setze die Namenwörter (Nomen) mit passenden Eigenschaftswörtern (Adjektiven) zusammen: spannend, echt, groß, wirklich, gemütlich, täuschend, heilbar, geprüft: *die spannende Erzählung ...*
3. Auf der rechten Seite liegen Bausteine für Eigenschaftswörter (Adjektive). Wie viele Adjektive findest du? *dankbar, ...*
4. Schreibe die Eigenschaftswörter (Adjektive) vor folgende Namenwörter (Nomen): Schmuck, Flüssigkeit, Nachbarn, Stock, Essen, Verbrauch, Fahrt, Behandlung, Wiese. Du kannst auch lustige Beispiele aufschreiben.

> Mit den nachgestellten Wortbausteinen heit, keit, ung kann man Namenwörter (Nomen) bilden.

> Mit den nachgestellten Wortbausteinen bar, isch, los, sam können wir Eigenschaftswörter (Adjektive) bilden.

Feuer

Durch Zufall entdeckt

Vor Tausenden von Jahren

Keiner weiß genau, wie die Menschen das Feuer entdeckten.
So könnte es gewesen sein:
Der Blitz schlug in einen Baum ein. Stamm und Zweige begannen zu brennen. Ein brennender Ast fiel herunter. Ein Mensch hob ihn auf und brachte ihn in die Höhle. Er legte ihn auf den Boden. ...
So könnte es auch gewesen sein:
In der Nähe der Höhle brach ein Vulkan aus. Feurige Lava floß ...
Oder: *Nach einer langen Trockenheit entstand ein Waldbrand. ...*
Durch einen weiteren Zufall könnten die Menschen auch entdeckt haben, wie sie selbst Feuer machen konnten:
Einer der Menschen saß auf einem Polster aus trockenem Moos und Laub. Er stellte gerade eine Pfeilspitze her. Dazu schlug er von einem Brocken aus Feuerstein Splitter ab, daß die Funken flogen. Plötzlich begann das Moos zu glimmen, und eine kleine Flamme entstand.

> Wir schreiben **Erzählungen** meistens in der **Vergangenheit:**
> *Gestern ging ich ...*

1. Wie könnte es nach deiner Meinung geschehen sein? Erzähle deine Geschichte zu Ende.
2. Schreibe die Geschichte nun auf.
3. Kannst du dir vorstellen, wie es heute ohne Feuer wäre? Schreibe eine Geschichte dazu auf.

Feuer
Bei den Indianern

A/G — 29

Gebrauchsanleitung für einen Feuerquirl

- Was man braucht

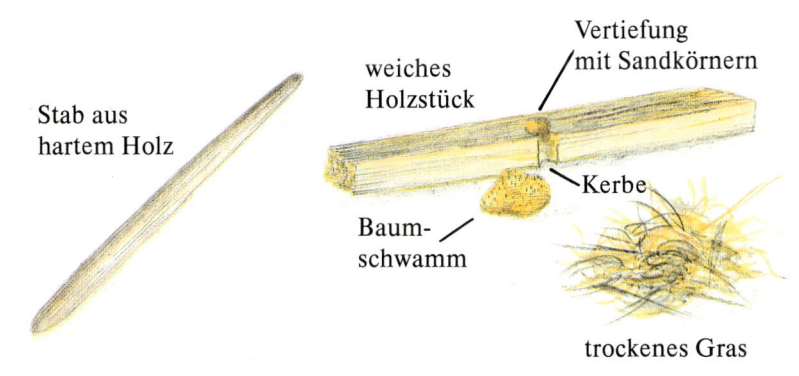

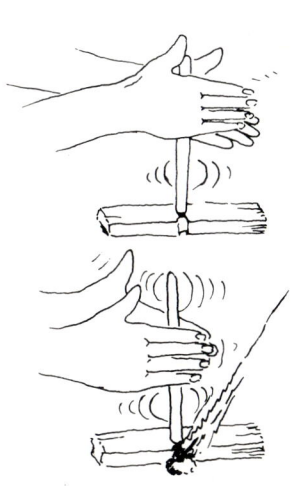

Stab aus hartem Holz

weiches Holzstück

Vertiefung mit Sandkörnern

Kerbe

Baumschwamm

trockenes Gras

- Was man tun muß, und was geschieht

a) Hartholzstab sehr schnell drehen, Sandkörner reiben Holz ab, Holzmehl wird heiß, beginnt zu glimmen
b) glimmendes Holzmehl fällt auf trockenen Baumschwamm, dieser fängt auch an zu glimmen
c) Glut anblasen, entfachen, trockenes Gras brennt
d) kleine trockene Zweige auf brennendes Gras legen

Beschreibe, wie die Indianer mit dem Quirl Feuer machten.

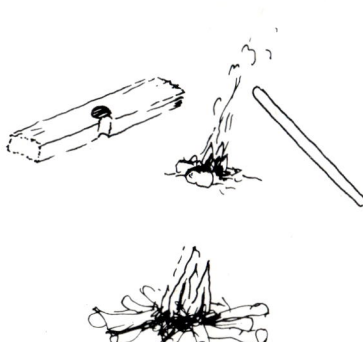

Der Bogenquirl

1. Kannst du dir denken, wie dieser Bogenquirl funktioniert? Stelle zuerst die Unterschiede zum Feuerquirl fest:
   Bogen aus Holz, Riemen, Stein, …
   Überlege dann, wie er bewegt wird: *wie eine Säge, …*
2. Mit welchem der beiden Geräte kann man wohl schneller Feuer machen?
3. Schreibe eine Gebrauchsanleitung für einen der beiden Quirle.
4. Schreibe auf, wie der Häuptlingssohn „Kleine Wolke" einmal Feuer anzündete.

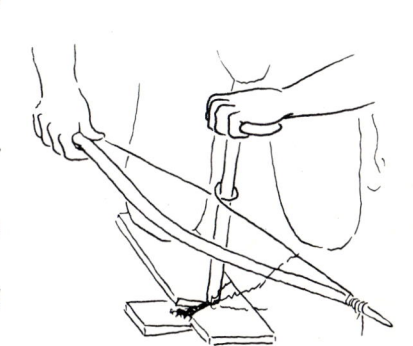

Der letzte Streich der Schildbürger

Feuer — 30 — A/G

Der Maushund

Im ganzen Dorf Schilda gibt es keine Katze, dafür aber so viele Mäuse, daß die Schildbürger immer weniger zu essen haben. Gerade zu dieser Zeit kommt ein Wandersmann in das Dorf. Er trägt eine Katze auf dem Arm und kehrt ins Wirtshaus ein. Kein Mensch in Schilda kennt so ein Tier, und der Wirt fragt gleich: „Was ist das?" Er bekommt die Antwort: „Ein Maushund." Der Wandersmann läßt die Katze laufen, und vor den Augen des Wirtes fängt sie viele Mäuse. Darauf fragen die Schildbürger den Mann, ob er ihnen den Maushund verkauft. Sie sagen, daß sie auch gut bezahlen wollen. Der Wandersmann antwortet: „Ich möchte ihn behalten, aber weil ihr ihn so nötig braucht, will ich ihn hergeben." Er fordert 100 Gulden, und die Bauern sind froh, daß es nicht mehr ist.

Inzwischen jagt die Katze Mäuse in der Burg, wo das Getreide Schildas lagert. Auf einmal kommt einem der Ratsherren ein schrecklicher Gedanke: Was passiert, wenn der Maushund keine Mäuse mehr zu fressen hat? Sicher fällt er dann über das Vieh her und frißt am Ende die Schildbürger selbst auf. Die Ratsherren beraten lang, und sie beschließen, das gefährliche Tier mit Feuer zu vernichten. So zünden sie ihre eigene Burg an.

Als die Katze das Feuer riecht, springt sie zum Fenster hinaus und flieht in ein anderes Haus. Wiederum beraten die Ratsherren. Dann lassen sie auch dieses Haus anzünden. Und schließlich ist das ganze Dorf bis auf ein einziges Haus abgebrannt. Die Katze aber kommt mit dem Leben davon.

Darauf mußt du achten, wenn du eine Geschichte **nacherzählst**:
- erkennen, was **wichtig** ist, den Höhepunkt besonders herausstellen;
- **nichts dazuerfinden, nichts** Wichtiges **weglassen**;
- die **richtige Reihenfolge** einhalten.

---

1. Lest die Geschichte. Später sollt ihr die Geschichte nacherzählen. Deshalb notiert jeder, was passiert:
   keine Katze, viele Mäuse in Schilda, ...
2. Wo könnte man im Text noch wörtliche Rede verwenden? Schreibt die Sätze auf:
   „Wollen Sie uns den Maushund verkaufen?" ...
3. Erzähle die Geschichte anhand deiner Notizen nach.
4. Schreibe nun die Geschichte in der Vergangenheit auf:
   ... gab es keine ...
   Achtung: Die wörtliche Rede steht in der Gegenwart!

Feuer
Vater und Sohn

A/R — 31

Der gelöschte Vater

> Sofort hörte er mehrere Geräusche. Es zischte leise, und ein Stuhl fiel mit Gepolter um. Im Fenster erschien Stefans Vater. Er war tropfnaß. Er hatte am Fenster gesessen, Zeitung gelesen und dabei Pfeife geraucht.

> Stefan eilte zurück und kippte das Wasser mit Schwung in die Wohnung.

> Er rannte gleich zum Nachbarn und rief: „Bei uns brennt es." Der Nachbar drückte ihm einen Eimer Wasser in die Hand und sagte: „Ich komm gleich hinüber und helfe dir; ich muß mir eben noch die Schuhe anziehen."

> Als Stefan gestern nachmittag von der Schule nach Hause kam, entdeckte er Rauch. Dichter Qualm drang aus einem offenen Fester an der Straßenseite.

1. In welche Reihenfolge würdest du die Bilder bringen?
2. Schreibe zu den vier Bildern eine Geschichte. Suche eine Überschrift.
3. In welcher Reihenfolge geben die Textabschnitte einen Sinn?
4. Diktiert euch den Text „Der gelöschte Vater" gegenseitig.
5. Schreibe die Geschichte so, wie Stefan sie erlebt hat:
   Als ich gestern ...

Auf der Feuerwache

Um 7.15 Uhr läutete auf der Feuerwache das Telefon. Herr Schneider ging an den Apparat und nahm den Hörer ab. Er hörte zu und schrieb etwas auf den Notizblock. „Wir kommen gleich", sagte er und legte auf. ...

1. Denke dir eine Fortsetzung für die Geschichte aus.
   Überlege: – Was willst du erzählen?
   – Was ist das Wichtigste in deiner Erzählung?
   – In welcher Reihenfolge erzählst du?
2. Kinder – Papier – Feuer: Schreibe eine Geschichte, in der diese Wörter vorkommen.

Bienenschwarm einfangen · Brand löschen · Keller leerpumpen · Verunglückten helfen · Wellensittich einfangen

Feuer
Es brennt

Hausbrand in Hofen

Mit Feuer ist nicht zu spaßen. Das erfahrt ihr auch, wenn ihr die Wörter in den Kästen zu Sätzen und die Sätze zu einer Geschichte ordnet.

Hausbrand einen Feuerwehr in die löschte gestern Hofen	es so zu kam dem Unglück	zwei Streichhölzern Kinder mit spielten
in und gerieten das dabei Dachstuhl der Obergeschoß Brand	Sachschaden es großer entstand	wohl die was gesagt haben Eltern
Glück wir gehabt haben viel	Zukunft mit seid in ihr vorsichtiger Streichhölzern	

1. Schreibe die Sätze nacheinander auf.
2. Rahme in deinen Sätzen den Satzkern (das Prädikat) rot und das Subjekt grün ein.
3. Gestern *löschte* die Feuerwehr einen Hausbrand in Hofen.
   Die Feuerwehr *löschte* gestern einen Hausbrand in Hofen.
   In Hofen *löschte* gestern die Feuerwehr einen Hausbrand.
   Einen Hausbrand *löschte* die Feuerwehr gestern in Hofen.
   Was fällt dir auf? Welche der übrigen Sätze kannst du auch noch umstellen? Rahme den Satzkern (das Prädikat) rot und das Subjekt grün ein.

So kannst du den Witz aber nicht anheften.
Schreibe ihn auf, und ergänze dabei die Satzzeichen:

„ " ? . . : „ "
! . : „ " : !

Ein Witz für eure Pinnwand

Das Haus brennt Der kleine Thomas steht in der Nähe und wirft eifrig Papier ins Feuer Ein Feuerwehrmann fragt ihn verdutzt Was machst du denn da Dann schimpft er Du kannst doch nicht noch Papier ins Feuer werfen Thomas antwortet Beruhigen Sie sich Das ist Löschpapier

Die Feuerwehr hilft

Feuer

Es brennt!

Die Feuerwehr rückt aus. Sie löscht den Brand. Sie schließt die Schläuche an. Sie fährt zum Brandplatz. Sie spritzt Wasser oder Schaum in das Feuer. Sie öffnet die Wasserhähne. In der Gartenstraße brennt ein Haus. Sie bewacht den Brandplatz.

1. Schreibe die Sätze in der richtigen Reihenfolge auf. Verändere dabei auch die Satzanfänge (in großer Eile; so schnell es geht; rasch;...)
2. Unterstreiche die Zeitwörter (Verben).
3. Lies die Zeitwörter vor. Unter einen kurzen Selbstlaut oder Umlaut setzt du einen Punkt: ... rückt, ... brennt ...

Wortfamilie helfen

Helfer, Hilfe, abhelfen, Nachhilfe, mithelfen, nachhelfen, hilfsbereit, Aushilfe, Abhilfe, hilflos, heraushelfen, unbeholfen, Halfter, hilfreich, Erste Hilfe, Hilfeleistung, Hälfte, Entwicklungshilfe

1. Welche beiden Wörter gehören nicht zur Wortfamilie helfen?
2. Ordne die Wörter nach Namen-, Zeit- und Eigenschaftswörtern.

Kurzer Selbstlaut oder Umlaut

Straße, nah, Flamme, retten, spät, Träne, hatte, Wasser, Gasse, lassen, Adresse, während, besser, sperren, heben, dürr, kippen, Regen, leer, Treppe, gehen, innen, rennen, dann, alle, Griff, schnell, voll, mehr, Keller, Zimmer, offen, hier, Stoff

1. Schreibe die Wörter mit kurzem Selbstlaut/Umlaut auf. Kennzeichne sie wie oben: Flammen, ...
2. Suche noch zehn Wörter mit kurzem Selbstlaut oder Umlaut.
3. Bei welchen dieser Wörter ist der erste Selbstlaut/Umlaut kurz? Schreibe sie nach dem Alphabet geordnet auf: Glück, ziehen, liegen, trocken, putzen, ihm, Ecke, zurück, Hitze, Not, Boden, jetzt, plötzlich, blicken, Decke, packen, Platz, stützen, verletzen, Schmutz, hören, ohne, ruhig, müde, Stück, glühen, Jacke.
4. Schlage die Wörter im Wörterbuch nach: Auf welcher Seite steht blicken, ...? Welches Wort kommt davor, welches danach?

Draußen wird es kälter

Der Ausflug

Dieses Bild hat Caspar David Friedrich gemalt. Es heißt „Der einsame Baum".

1. *Was siehst du auf dem Bild?* Berge, Büsche, Tümpel, ...
2. *Wie sieht der Baum aus? Schreibe auf:* alt, schief, wenige Äste, ...

Eine Geschichte, in der dieser Baum vorkommt, könnte so anfangen:

In den letzten Herbstferien machten wir einen Ausflug. Es war ziemlich kalt, und die meisten Zugvögel waren schon nach Süden geflogen. Als wir eine Weile gewandert waren, kamen wir zu einem Baum. Er sah zerzaust aus und hatte auf der einen Seite nur wenige Äste und Blätter. Vor dem Baum lag ein Tümpel. Tim versuchte herauszubekommen, ob in dem Tümpel Fische oder andere Lebewesen waren. ...

3. *Wie könnte die Geschichte weitergehen? Überlege zuerst, worauf die Geschichte hinauslaufen soll. Soll sie ernst oder lustig sein, soll sie harmlos oder überraschend enden? Schreibe Stichworte auf.*
4. *Suche eine Überschrift, und schreibe deine Geschichte auf.*
5. *Schreibe eine andere Geschichte, in der diese Sätze vorkommen:* Bei dem Ausflug fand Tina einen kleinen Igel. Sie sagte niemandem etwas davon. Als sie zu Hause ...

Draußen wird es kälter
Im Herbst

Fragen im Oktober

Du siehst die Astern blühen.
Wie lange noch?
Laubwälder siehst du glühen.
Wie lange noch?
Du hörst die Meise singen.
Wie lange noch?

Du fragst bei allen Dingen:
Wie lange noch?
Nun rüste Haus und Schober!
Wie bange doch
fragt jeder im Oktober.
Wie lange noch?

Jerzy Ficowski
(übersetzt von James Krüss)

November

Solchen Monat muß man loben:
Keiner kann wie dieser toben,
keiner so verdrießlich sein
und so ohne Sonnenschein!
Keiner so in Wolken maulen,
keiner so mit Sturmwind graulen!
Und wie naß er alles macht!
Ja, es ist 'ne wahre Pracht.

Seht das schöne Schlackerwetter!
Und die armen welken Blätter,
wie sie tanzen in dem Wind
und so ganz verloren sind!
Wie der Sturm sie jagt und zwirbelt
und sie durcheinanderwirbelt
und sie hetzt ohn' Unterlaß:
Ja, das ist Novemberspaß!

Heinrich Seidel

Vogelabschied

Es kommt die Zeit,
es kommt die Zeit,
wir ordnen uns in Zügen.
Wir müssen weit,
wir müssen weit
und fliegen,
fliegen,
fliegen!

Es fällt so schwer,
es fällt so schwer
zu scheiden, liebe Kinder.
Wir fürchten sehr,
wir fürchten sehr,
den Winter,
Winter,
Winter!

Bruno Horst Bull

1. Welche Zeile wird im ersten Gedicht mehrfach wiederholt? Welche Wörter kommen im zweiten Gedicht und welche Wörter kommen im dritten Gedicht oft vor? Warum haben die Dichter wohl bestimmte Wörter wiederholt?
2. Suche dir eines der Gedichte aus, und lerne es auswendig. Sprich beim Vortragen deutlich und betont.
3. Male ein Bild, das zu deinem Gedicht paßt.
4. Wer schreibt ein eigenes Gedicht zu dem Bild auf Seite 34?
5. Schreibe aus den drei Gedichten oben alle Wörter mit **b, p, d, t, g** oder **k** am Wortanfang heraus. Ordne sie nach dem Alphabet: *Blätter, blühen, ...*
6. Suche aus dem Wörterbuch noch jeweils drei Wörter mit den Anfangsbuchstaben **b, p, d, t, g** oder **k** heraus, und schreibe sie auf.

Draußen wird es kälter

Zwei Fabeln

Die Grille und die Ameise

Den ganzen Sommer über saß die Grille in der sonnigen Wiese und sang. ⬚ der Herbst kam und die ersten kalten Winde wehten, hatte die Grille nichts zu fressen; ⬚ es flog keine Mücke mehr, kein Fliegenbein war zu finden, und Vorräte hatte sie nicht angelegt. Halb verhungert lief die Grille ⬚ zur Ameise, ihrer Nachbarin. Diese war gut versorgt, ⬚ sie im Sommer schon an den Winter gedacht hatte. In ihrem Jammer bat die Grille die Ameise um etwas zu essen aus ihrer Speisekammer. „Ich will es dir im Frühling ⬚ mit Zinsen zurückgeben", sagte sie. ⬚ fragte die Ameise: „⬚ was hast du denn im Sommer die ganze Zeit gemacht?" „Da habe ich Tag und Nacht gesungen", antwortete die Grille. „Gesungen hast du? Wunderbar, ⬚ kannst du jetzt tanzen gehen." Mit diesen Worten schickte die Ameise die Grille ⬚ fort.

Nach Äsop

als, dann, darauf, denn, plötzlich, deshalb, und, daher, damals, darum, weil, danach, auch, schließlich, aber, oder, sondern

1. Im Text sind einige Wörter weggelassen worden. Welche Wörter vom Rand passen in die Lücken? Schreibe den ganzen Text auf.
2. Was meint ihr? Hat die Ameise sich richtig verhalten? Begründet eure Meinung.
3. Zu wem könnte die Grille noch gehen? Ob ihr wohl jemand hilft? Spielt die Fortsetzung und das Ende.

Der Hamster und die Ameise

Die Ameise fragte: „Ist dein Vorrat größer, als du ihn brauchst?"

„Ihr armseligen Ameisen, für so wenig arbeitet ihr den ganzen Sommer?" sagte der Hamster. „Du solltest einmal meine Speisekammer sehen."

Ein Hamster traf eine Ameise.

„Es ist richtig, daß die Menschen dir nachgraben. Es ist richtig, daß die Menschen deine Kammern leeren. Und es ist richtig, daß die Menschen dich für deinen Geiz mit dem Leben büßen lassen", sagte die Ameise.

„Ich habe immer mehr als nötig", sagte der Hamster.

Diese zeigte dem Hamster stolz ihre Vorräte.

1. In welcher Reihenfolge haben die Sätze einen Sinn?
2. Verbessere den Text. Ersetze das Wort „sagen" durch andere treffende Zeitwörter (Verben).

Draußen wird es kälter

A/R Bunt sind schon die Wälder 37

*Bunt sind schon die Wälder,
gelb die Stoppelfelder, und der
Herbst, der Herbst beginnt.*

Wie die volle Traube
aus dem Rebenlaube
purpurfarbig strahlt!
Am Geländer reifen
Pfirsiche, mit Streifen
rot und weiß bemalt.

Flinke Träger springen,
und die Mädchen singen,
alles jubelt froh!
Bunte Bänder schweben
zwischen hohen Reben
auf dem Hut von Stroh.

1. Welche Wörter reimen sich? Schreibe sie auf.
2. Suche die Wörter heraus, die **b, d** oder **g** am Ende haben. Trage sie in eine Tabelle ein.

Wenn b wie p klingt

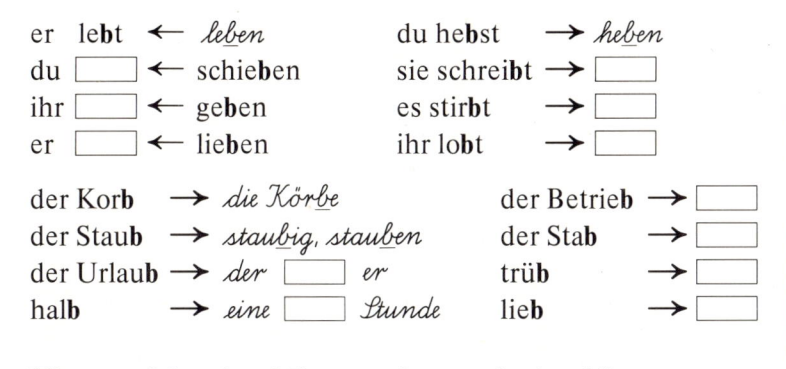

er lebt	←	*leben*	du hebst	→	*heben*
du ☐	←	schieben	sie schreibt	→	☐
ihr ☐	←	geben	es stirbt	→	☐
er ☐	←	lieben	ihr lobt	→	☐

der Korb	→	*die Körbe*	der Betrieb	→	☐
der Staub	→	*staubig, stauben*	der Stab	→	☐
der Urlaub	→	*der* ☐ *er*	trüb	→	☐
halb	→	*eine* ☐ *Stunde*	lieb	→	☐

Überlege beim Schreiben:
Woher kommt das Wort?
erlebt ← leben

Überlege beim Schreiben:
Was wird aus dem Wort?
der Korb – die Körbe
Verlängern hilft!

Wenn g nicht wie g klingt, und wenn d wie t klingt

Berg, Burg, Bild, fertig, lügt, Hund, taugst, Abend, sagt, Wald, fliegst, bald, schlägt, Freund, Hemd, vorsichtig, billig, Pferd, Land, zeigst, schwierig, stand, Tag, Weg, Pfund, Lied, lustig, tausend, Krieg, Pfennig, Sand, Feld, Zweig, häufig, blind, Mittag, mutig, ruhig, folgt, Hand

1. Verlängere die Wörter:
 der Berg – die Berge, ... das Bild – die Bilder, ...
2. Suche im Wörterbuch wenigstens noch je fünf Wörter mit **d** oder **g** am Wortende.

Draußen wird es kälter
Tiere im Winter

Winterschlaf und Winterruhe

Einige Tiere verschlafen den Winter. Der Igel zum Beispiel fällt bei einer Temperatur von etwa 12°C in Schlaf. Wenn es bei ihm kälter als 0°C wird, zittert er sich warm und wacht auf. Dann sucht er sich einen besser geschützten Platz und beginnt wieder zu schlafen. So lange er schläft, lebt er von seinem Fett, das er sich angefressen hat. Seit September hat er so viel gefuttert, daß er den Winter überstehen kann. Wenn er im Frühling wieder hervorkommt, ist er ganz mager.
Andere Tiere, wie Eichhörnchen, Dachs und Bär halten Winterruhe. Sie schlafen auch viel. Aber von Zeit zu Zeit wachen sie auf, gehen auf Jagd oder fressen von den Vorräten, die sie im Herbst gesammelt haben.

1. Erzähle: Wie verbringt der Igel den Winter? Wie z. B. der Bär?
2. Schau im Lexikon oder in einem Naturkundebuch nach: Welche Tiere halten Winterschlaf, welche Winterruhe?
3. Wie sieht ein Igel aus? Schlage nach, und beschreibe ihn.
4. Die Menschen können Igeln helfen, den Winter zu überleben. Erkundige dich, was man dabei beachten muß. Schreibe es dann auf.

Igel, Eichhörnchen und Bär

_____ frißt gerne Mäuse.
(der Igel, das Eichhornchen, die Amsel)

Das Eichhörnchen _____ Nüsse.
(schläft, sammelt, strickt)

1. Welche Satzglieder mußt du in den beiden Sätzen ergänzen?

Der Bär frißt _____ .
(Dosen, Beeren und Honig, Nägel)

2. In diesem Satz fehlt die Wen/Was-Ergänzung. **Wen** oder **was** frißt der Bär? Mit der Antwort auf diese Frage findest du auch das Satzglied Wen/Was-Ergänzung.
3. Kennzeichne in den folgenden Sätzen das Subjekt grün, das Prädikat (den Satzkern) rot und die Wen/Was-Ergänzung blau:

Der Hamster sammelt Körner. Die Fledermaus frißt Insekten. Der Dachs jagt Mäuse. Der Bär mag Honig und Beeren. Der Hase futtert Blätter. Der Fuchs gräbt einen Bau.

Draußen wird es kälter

G
Tiere im Winter
39

Wie schützen sich die Tiere vor dem Winter?

EINIGE WINTERSCHLAF HALTEN TIERE

1. Schreibe den Satz richtig auf.
2. Aus denselben Wörtern kannst du auch diese Sätze bilden:
   Winterschlaf halten einige Tiere.
   Halten einige Tiere Winterschlaf?
3. Welche Lösungen findest du hier?
   DER AMSEL WINTERGEFIEDER DICHTES EIN WÄCHST
   EIN BEKOMMT HASE DER WINTERFELL DICKES
4. Schreibe die folgenden Sätze ab, und kennzeichne die Satzglieder: Subjekt grün, Prädikat (Satzkern) rot, Wen/Was-Ergänzung blau:
   Viele Tiere sammeln Vorräte.
   Die Schnecke verschließt ihr Häuschen.

Was schadet den Tieren?

Wer? Was? schaden Wem?
           helfen
           nützen

Milch	
Futter	den Tieren
die Kälte	den Vögeln
Vorräte	dem Igel
Heu	den Rehen
das Winterfell	dem Hamster
die Tarnfarbe	der Amsel
der Winterspeck	dem Hermelin
das Wintergefieder	dem Hasen

1. Schreibe Sätze auf: *Milch* *schadet* *dem Igel*.
2. Rahme die Subjekte grün ein, die Prädikate (Satzkerne) rot und die Wem-Ergänzungen braun.

Was suchst du im Wald?

Ich *suche* *Tannenzapfen*.

Schreibe Sätze auf. Rahme das Subjekt immer grün, das Prädikat (den Satzkern) immer rot und die Wen/Was-Ergänzung blau ein.

Wem hilfst du im Winter?

Ich *helfe* *den Vögeln* *im Winter*.

Schreibe Sätze auf. Rahme das Subjekt grün, das Prädikat (den Satzkern) rot und die Wem-Ergänzung braun ein.

> Manche Prädikate (Satzkerne) verlangen eine **Wem-Ergänzung:**
> *nützen, schaden, danken, helfen, winken, …*

Alle Jahre wieder
Die Weihnachtsgeschichte

1. Beschreibe das Bild:
   - Welche Menschen kannst du erkennen?
   - Was tun sie?
   - Wie sehen sie aus, was tragen sie?
   - Wer sind sie wohl?
   - Welche Tiere erkennst du?
   - Was siehst du noch auf dem Bild?
2. Was geschah vor der Anbetung der drei Weisen?
3. Was geschah nach der Anbetung?
4. Jeder schreibt sich den Inhalt der Weihnachtsgeschichte in Stichworten auf.
5. Schreibe die Geschichte nach deinen Stichworten auf.

Alle Jahre wieder

Die Sternsinger

Die Sternsinger

In der Verkleidung der drei Weisen aus dem Morgenland, auch die Heiligen Drei Könige genannt, ziehen in manchen Gegenden Kinder und Jugendliche in der Zeit zwischen Weihnachten und dem Dreikönigstag (27. Dezember bis 6. Januar) von Haus zu Haus und singen Lieder. Meistens tragen sie einen Stern mit, der gedreht wird. Man nennt diese Gruppe „Sternsinger" oder „Sterndreher".

Die Weisen wünschen allen Leuten im Haus ein gutes neues Jahr. Dann schreiben sie mit Kreide die neue Jahreszahl und die Anfangsbuchstaben ihrer Namen über die Tür: Caspar, Melchior, Balthasar. Die Geschenke und das Geld, das sie erhalten, schenken sie an notleidende Menschen weiter.

Text: Heinrich Heine; Melodie: Katharina Kemming

1. Die heil'gen drei Kön'ge aus Morgenland,
sie frugen in jedem Städtchen:
„Wo geht der Weg nach Bethlehem,
ihr lieben Buben und Mädchen!"

2. Die Jungen und Alten, sie wußten es nicht,
Die Könige zogen weiter,
sie folgten einem goldenen Stern,
der leuchtete lieblich und heiter.

3. Der Stern bleibt stehen über Josefs Haus,
da sind sie hineingegangen;
das Öchslein brüllte,
das Kindlein schrie,
die heil'gen drei Könige sangen.

1. Welche Wörter im Text und im Lied versteht ihr nicht? Schlagt sie im Wörterbuch oder im Lexikon nach.
2. Plant, wie ihr euch als Sternsinger verkleiden könnt: Was gehört zur Verkleidung? Was kann man als Umhang nehmen? Wie macht man sich einen Turban oder eine Krone? Wie bastelt man den Stern? Wer schminkt sich womit?
3. Singt und spielt das Lied.
4. Sucht andere Gedichte und Lieder über die Weisen aus dem Morgenland. Schreibt eines davon auf.

Alle Jahre wieder
Basteln für Weihnachten

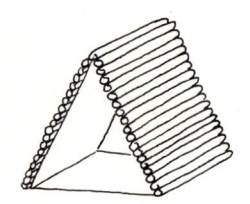

Krippenfiguren aus Wellpappe

- breite, schmale, lange und kürzere Streifen zuschneiden
- zu Walzen zusammenrollen, am Ende festkleben
- Arme entweder gleich an den Umhang schneiden oder als Streifen aufkleben
- Kopf und Arme mit Wolle umwickeln
- mit Stecknadeln und Papier Augen und Mund machen
- Umhänge, Röcke, Kopftücher aus Stoffresten oder Papier zuschneiden
- mit Nadel und Faden Umhänge befestigen
- Kronen aus Goldpapier schneiden und aufsetzen

Schreibe nach den Stichworten eine Bastelanleitung in der Ich-Form: Zuerst schneide ich ...

Der Stall

3 Stücke Karton, DIN A 4 (z. B. Rückseite vom Zeichenblock), Klebestreifen, Leim oder Klebstoff, Pinsel, Strohhalme oder Wellpappe, Plakafarben

1. Für die Krippe kannst du eine kleine Schachtel nehmen. Mit Moos, Steinen, Heu und kleinen Zweigen kannst du Stall und Krippe schöner gestalten. Schreibe eine Bastelanleitung.
2. Macht eine Ausstellung mit euren Weihnachtskrippen.

Klebestreifen

Pappe mit Leim bestreichen

🦉 Die Weihnachtskrippe wird aufgebaut

Tim und Tina dürfen jedes Jahr die Weihnachtskrippe aufbauen. Einige Tage vor dem Fest sammeln sie glatte Steinchen, Rindenstücke, Zweige, Moos und Tannenzapfen.
Als Unterlage für die Krippe dient ein Kistendeckel, der mit Weihnachtspapier beklebt wird. ...

Schreibe weiter. Denke an die Tiere, an die Weisen aus dem Morgenland und an die Hirten. Wie sieht es wohl im Stall aus?

🦉 Wer ist dort?

Maria, Josef, Christkind, Hirten, Engel, Ochse, Esel, Stern

Übertrage die Wörter in dein Heft, und bilde Satzreihen: Maria und Josef stehen neben der Krippe. ...

Bräuche in der Weihnachtszeit

Alle Jahre wieder

A/R — 43

Weihnachten in Schweden

Weihnachten wird in vielen Ländern der Erde gefeiert. Überall gibt es andere Bräuche. In Schweden ist die Winterzeit besonders lang und dunkel. Dort wird seit alter Zeit am 13. Dezember ein Lichterfest gefeiert. Es ist das Fest der Heiligen Lucia, deren Namen auf deutsch Licht heißt. Ein Mädchen wird zur Lichterkönigin gewählt. Es trägt eine Krone mit Kerzen auf dem Kopf und geht von Haus zu Haus.
Die Geschenke werden am 22. Dezember verteilt.

1. *Schreibe alle Wörter mit **ä** auf. Zu welchem findest du ein passendes Wort mit **a**? Länder – Land, ...*
2. *Schreibe alle Wörter mit **ei** heraus. Kreise **ei** ein.*
3. *Schreibt den Text als Partnerdiktat.*

Wie die Geschenke zu den Kindern gelangen

In Spanien bringen die Heiligen Drei Könige am 6. Januar die Geschenke mit. In Belgien und in Holland sagt man: Santa Claus fährt mit seinem Schimmel durch die Lüfte und läßt die Geschenke durch den Kamin auf den Gabentisch fallen. Bei uns heißt es: Das Christkind oder der Weihnachtsmann legt die Päckchen unter den Weihnachtsbaum. Eine angeheftete Karte mit dem Namen darf nicht fehlen.

1. *Erkundigt euch, wie in England, Italien, Jugoslawien oder in der Türkei die Geschenke zu den Kindern gelangen. Erzählt darüber.*
2. *Suche die Grundform der unterstrichenen Verben (Zeitwörter). Die unterstrichenen Nomen (Namenwörter) schreibst du in der Einzahl und in der Mehrzahl auf.*
3. *Nimm dein Wörterbuch zu Hilfe, und schreibe Wörter auf, die mit den unterstrichenen Wörtern verwandt sind:*
   das Geschenk – schenken – verschenken – ...
4. *Schreibe eine Geschichte mit der Überschrift „Mein schönstes Weihnachtsfest".*
   Du kannst auch Bilder dazu malen.

Alle Jahre wieder

Fröhliche Weihnachten

1. SO VIELE PÄCKCHEN. BESTIMMT GEHT MEIN LIEBLINGSWUNSCH IN ERFÜLLUNG.

2. WAS IST DAS DENN?

3. Fröhliche Weihnachten lieber Ele, Weil alle Deinen Lieblingswunsch kennen, wirst Du sicher einen Kanarienvogel bekommen. Deshalb schenke ich Dir Futter für ihn, damit er Weihnachten keinen Hunger hat. Hoffentlich schmeckt's. Bis dann. Minimax

4. VON BOGO AUCH VOGELFUTTER.

5. UND VON BREZEL

6. UND VON ANGELA & ANDREAS – ABER ICH HATTE MIR DOCH EINEN KANARIENVOGEL GEWÜNSCHT. WAS SOLL ICH NUN MIT DEM GANZEN FUTTER?

Eles Lieblingswunsch

1. Schaut euch die Bilder genau an, und beschreibt sie mit allen Einzelheiten, die ihr erkennen könnt.
   Der Elefant Ele sitzt vor seinem Gabentisch. Was denkt er wohl? (Bild 1) Ele beginnt ... (Bild 2)
   Eles Freund, der Drache Minimax, hat ihm einen Brief geschrieben. Was ist Eles Lieblingswunsch? (Bild 3)
   Leider geht der Wunsch nicht in Erfüllung. Ele bekommt keinen ..., sondern von allen nur ... (Bilder 4, 5, 6)
2. Was könnte Ele mit den Geschenken anfangen? Wie geht deine Geschichte zu Ende? Male ein Bild dazu.
3. Schreibe die ganze Geschichte auf, als wäre sie gestern geschehen.
4. Eine andere Geschichte: Bescherung – Adventskranz – vergessen – brennen.

Vom Schenken

Alle Jahre wieder

A/G — 45

Die Geschichte vom beschenkten Weihnachtsmann

Einmal kam der Weihnachtsmann zu Stefanie und Christian. Er fragte sie: „Seid ihr in diesem Jahr auch brav gewesen?" Die beiden antworteten: „Ja, fast immer." Da fragte der Weihnachtsmann weiter: „Könnt ihr mir auch ein Gedicht aufsagen?" Stefanie und Christian nickten und fingen an:
„Draußen weht es bitterkalt.
Wer kommt da durch den Winterwald,
stipp – stapp, stipp – stapp und huckepack?
Der Weihnachtsmann ist's mit seinem Sack."
Der Weihnachtsmann lobte: „Das habt ihr schön vorgetragen." Und er schenkte Stefanie und Christian Äpfel, Nüsse und viele Pfeffernüsse. Die Kinder bedankten sich. Der Weihnachtsmann gab ihnen zum Abschied die Hand und ging zur Tür. Da rief Christian: „Warte einmal, Weihnachtsmann! Bist du denn in diesem Jahr auch brav gewesen?" ...

1. Erzähle weiter.
2. Schreibe die ganze Geschichte auf.

Geben macht Freude

Am Heiligen Abend geben sich Eltern und Kinder Geschenke. Die Mutter gibt jedem ein Stück Christstollen. Unsere Tante kommt zu Besuch. Sie gibt uns Süßigkeiten. In den Ferien möchte Tinas Freundin Angela Bücher von Tina lesen. Tina gibt ihr die Bücher. Tims Sportverein veranstaltet eine Weihnachtsfeier, bei der man auch Lose kaufen kann. Zum Schluß werden den Gewinnern die Preise gegeben.

1. Ein Verb (Zeitwort) wird oft wiederholt. Forme die Sätze um, und verwende solche Verben: austeilen, beschenken, leihen, mitbringen, überreichen.
2. Schreibe Sätze mit diesen Verben auf: anbieten, liefern, schicken, spenden, schenken, mitbringen, reichen.
3. Rahme in deinen Sätzen die Wem-Ergänzungen braun und die Wen/Was-Ergänzungen blau ein.
4. Wenn du eine Maschine hättest, die alle Wünsche wahrmachen könnte: Was würdest du dir mit dem „Wunscherfüller" alles wünschen?

Was kommt nach der 4. Klasse?

In der Pause

Tina steht mit ihren Freundinnen auf dem Schulhof. Stefanie sagt: „Ich gehe nach den Sommerferien ins Gymnasium. Dort ist auch schon Klaus, mein Bruder. Er geht in die 7. Klasse. Später möchte ich einmal Kinderärztin werden."
„Ich gehe lieber zur Hauptschule. Da kann ich später Gärtnerin werden und meinem Vater im Geschäft helfen", sagt Anja.
Kathrin sagt: „Ich weiß noch nicht, was ich werden will. Nach den Ferien gehe ich zur Theodor-Heuss-Schule."
Tina sagt: „Ich gehe zur Sichelschule. Aber wenn ich an die neue Schule denke, habe ich Angst."

1. Wovor hat Tina wohl Angst? Was kann sie dagegen tun?
2. Welche Wörter in dem Text wiederholen sich ein paarmal? Setze dafür andere passende Wörter ein. Schlage sie im Wörterbuch nach, und schreibe dann den Text auf.
3. Diktiert euch eure Texte gegenseitig als Partnerdiktat.
4. Jeder kontrolliert, ob alles richtig geschrieben ist.

Fragen an Viertkläßler

Der Lehrer, den du im neuen Schuljahr bekommst, möchte dich möglichst bald genauer kennenlernen, damit er dich besser versteht und dir helfen kann.

1. *Was möchtest du ihm von dir erzählen? Überlege, was ihn wohl besonders interessieren könnte.*
   Denke auch an folgende Fragen:

   Wie heißt du?
   Wo bist du geboren?
   Hast du noch Geschwister?
   Welche Hobbys treibst du?
   Liest du gerne? Welche Bücher gefallen dir besonders?
   Spielst du viel mit anderen?
   Bist du Mitglied in einem Verein?
   Was machst du dort?
   Was sind deine Lieblingssendungen im Fernsehen?
   Welche Schulfächer liegen dir besonders?
   Was möchtest du später einmal werden?

   Sicher fallen dir noch mehr Dinge ein. Du brauchst aber nur das zu schreiben, was du dem neuen Lehrer gerne anvertrauen möchtest.
2. *Du willst natürlich auch deinen neuen Lehrer besser kennenlernen. Überlege, welche Fragen du an ihn richten kannst. Schreibe diese Fragen auf, und besprich sie mit deinen Klassenkameraden. Denkt daran, daß ihr nur solche Fragen stellen sollt, die für euer Verhältnis zu dem neuen Lehrer wichtig sind und die er euch gerne beantworten wird.*

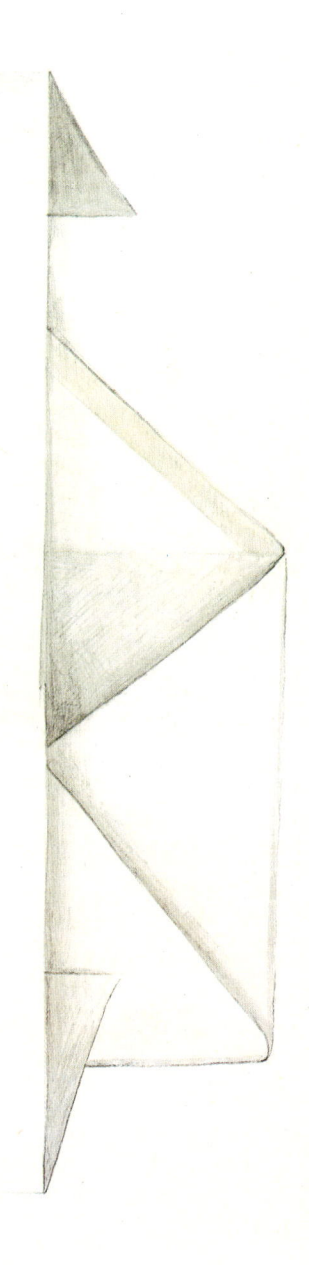

Die neue Schule
Verschiedene Schulen

Welche Schulen kennst du?

Abendschule, Fahrschule, Grundschule, Hauswirtschaftsschule, Baumschule, Ballettschule, Gymnasium, Berufsschule, Dorfschule, Fachhochschule, Vorschule, Privatschule, Handelsschule, Hauptschule, Musikschule, Fremdspracheninstitut, Realschule, Gesamtschule, Musikhochschule, Schauspielschule, Sportschule, Sonderschule, Sprachschule, Sprachheilschule, Tanzschule, Volkshochschule, Chemieschule, Kunstschule, Technische Hochschule, Universität, Waldorfschule, Wirtschaftsgymnasium, Pädagogische Hochschule, Malschule

1. *Welche der Schulen kennst du? Unter welchen Schulen kannst du dir etwas vorstellen? Schreibe Sätze auf:*
   Zur Abendschule geht man abends...
2. *Welche Schulen werden nicht von Kindern besucht?*
3. *Ordne die Schulen nach dem Alphabet.*
4. *Welche Schulen könnt ihr im 5. Schuljahr besuchen?*

Fragen zur neuen Schule

Wißt ihr schon, in welche Schule ihr im neuen Schuljahr gehen werdet? Bestimmt habt ihr viele Fragen, die euch interessieren: Fächer, die unterrichtet werden, Stundenplan der 5. Klasse, Voraussetzungen für die Schule (Noten, Zeugnisse), was bringt die Schule den Schülern bei, Nachmittagsunterricht, Arbeitsgemeinschaften, Schulfest, Unterrichtszeiten, Pausen, ...

1. *Jeder schreibt die Fragen auf, die er an die neue Schule hat.*
2. *Erstellt gemeinsam einen Fragebogen.*
3. *Nun schreibt ihr Briefe an die Schulen, die für euch in Frage kommen. Schickt den Fragebogen mit, und bittet um Antwort.*
4. *Welche weiterführenden Schulen gibt es bei euch (Förderstufe, Gesamtschule, Gymnasium, Hauptschule, Orientierungsstufe, Realschule)? Wo könnt ihr noch Informationen über die weiterführenden Schulen bekommen?*
5. *Schreibt einen Aufsatz:*
   So stelle ich mir meine neue Schule vor.

Die neue Schule
Vater und Sohn

Vater hat geholfen

1. *Christian ist schon seit zwei Monaten in der neuen Schule. Vor ein paar Tagen konnte er seine Mathematikaufgaben nicht lösen.*
   Da hat ihm ...
   Schreibe den Anfang dieser Geschichte ab, erzähle weiter, und erfinde einen Schluß.
2. Male das Schlußbild – aber bitte nicht ins Buch!
3. Schreibe deine Geschichte nun ganz auf. Verwende dabei auch die wörtliche Rede.
4. Hat dir auch schon einmal jemand bei den Hausaufgaben geholfen? Dein älterer Bruder, deine Schwester oder deine Eltern?
   Waren die Aufgaben richtig gelöst? Erzähle, und schreibe deine Geschichte auf.
5. Schreibe eine Geschichte zu der Überschrift: Schwimmsachen vergessen!

Die neue Schule
Schulleben

Die Einweihung

Gestern wurde ▢ neue Sporthalle ▢ Realschule in Neustadt eingeweiht. ▢ Bürgermeister hielt ▢ erste Rede. Dann gratulierte er ▢ Schulleiter, Herrn Klein, und ▢ Schülern zu ihrer neuen Halle. Herr Klein bedankte sich bei ▢ Bürgermeister dafür, daß er und ▢ Gemeinderat ▢ Bau ▢ neuen Halle zugestimmt hatten. Es gab viel Beifall für ▢ Rede ▢ Bürgermeisters. Zum Abschluß ▢ Feier gab eine Schülerin der 9. Klasse ▢ Bürgermeister einen Blumenstrauß. Dann begleitete Herr Klein ▢ Bürgermeister zum Ausgang.

1. Setze die fehlenden Artikel (Begleiter) ein.
2. Du siehst, in ganz bestimmten Fällen verändert sich der Artikel (Begleiter).
   Die richtige Form des Artikels findest du, wenn du nach dem dazugehörigen Nomen (Namenwort) fragst:
   <u>Wer</u> hielt die erste Rede?
   Der Bürgermeister hielt ...
   Für <u>wessen</u> Rede gab es viel Beifall?
   Für die Rede ▢ *...*
   <u>Wem</u> gab die Schülerin einen Blumenstrauß?
   ▢ *Bürgermeister ...*
   <u>Wen</u> begleitete Herr Klein zum Ausgang?
   ▢ *Bürgermeister ...* Ergänze die Sätze.
3. Schreibe die folgende Tabelle ab, und ergänze die fehlenden Nomen (Namenwörter) mit ihren Artikeln (Begleitern).

Wer-Fall	*der Lehrer*	*die Lehrerin*	*das Fach*	*die Schüler*
Wessen-Fall	*des Lehrers*			
Wem-Fall	*dem Lehrer*			
Wen-Fall	*den Lehrer*			

4. Unterstreiche die verschiedenen Formen des bestimmten Artikels (Begleiter).
5. Ergänze die Tabelle um die Mehrzahlformen für die Lehrer, die Lehrerinnen, die Fächer. Was fällt dir auf?
6. Wie heißen die Formen des unbestimmten Artikels (Begleiters)? Schreibe eine Tabelle wie für den bestimmten Artikel (Begleiter) auf.

Zum Wer-Fall sagen wir auch **Nominativ**.
Zum Wessen-Fall (Wes-Fall) sagen wir auch **Genitiv**.
Zum Wem-Fall sagen wir auch **Dativ**.
Zum Wen-Fall sagen wir auch **Akkusativ**.

A/G

Die neue Schule
In der Zukunft
51

Schule im Jahre 3333

Stefanie fährt auf dem Laufband in ihr Lernzimmer. Fünf Tage in der Woche schaltet sie den Bildschirmlehrer ein, wenn sie Nachhilfe braucht, sogar auch samstags und sonntags. Der Bildschirmlehrer ist ein Roboter.

Heute schaltet Stefanie ihn an und legt als erstes ihre Hausaufgaben auf den Bildschirm. Der Roboter kontrolliert. Natürlich findet er den Fehler in ihrer zweiten Mathematikaufgabe sofort. „Diese Aufgabe verbesserst du nachher. Heute lernst du die neue Computersprache." Auf dem Bildschirm erscheinen Wörter und Zahlen.

Stefanie denkt daran, wie die Schule früher war. Sie hat es von ihren Großeltern gehört. Diese haben es auch nicht selbst erlebt, sondern in einem uralten Buch gelesen. Wie schön muß das damals gewesen sein:

Viele Kinder saßen zusammen in einem großen Raum. Sie konnten ihre Aufgaben zusammen machen. Und die Lehrer waren Menschen...

1. Erzähle, was Stefanies Großeltern ihr noch über die Schule gesagt haben könnten.
2. Male ein Bild von Stefanies Lernzimmer und von dem Roboter.
3. Setze die Verben (Zeitwörter) in die Zukunft, und schreibe den Text auf:
   Schule im Jahre 3333
   Stefanie wird auf dem Laufband in ihr Lernzimmer f...
4. Rahme die Prädikate (Satzkerne) ein.
5. Auch in dem Text, wie er oben steht, gibt es solche zusammengesetzten Prädikate: Fünf Tage in der Woche │schaltet│ sie ... │ein│. Wie heißt das Verb (Zeitwort) in der Grundform?
6. Setze die Wortbausteine vom Rand mit dem Verb „stellen" zusammen. Schreibe Sätze in der Gegenwart, in der Vergangenheit, in der vollendeten Gegenwart und in der Zukunft damit auf.
   Rahme die beiden Teile des Prädikats ein:
   Sie │stellt│ das Radio │ab│.
   Sie │stellte│ das Radio │ab│.
   Sie │hat│ das Radio │abgestellt│.
   Sie │wird│ das Radio │abstellen│.

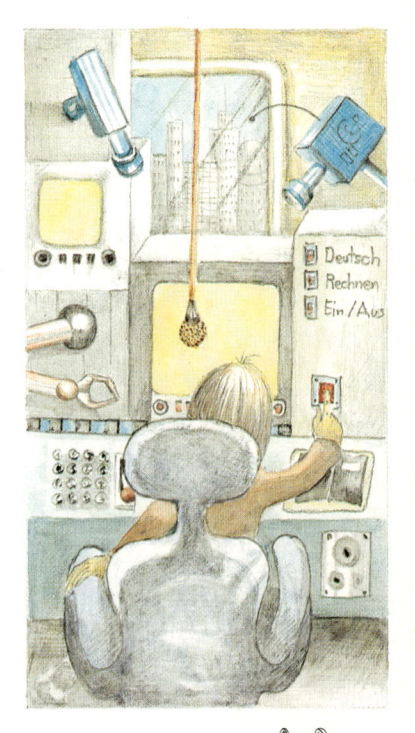

Das Prädikat (der Satzkern) kann auch aus zwei Teilen bestehen:
Sie │schaltet│ ... │ein│.
Sie │hat│ ... │eingeschaltet│.
Sie │wird│ ... │einschalten│.

│ab│ │an│ │auf│ │aus│
│ein│ │her│ │hin│ │um│
│vor│ │weg│

Verben sagen uns, **wann** etwas geschieht.
Zukunft: *Sie wird das Radio abstellen. Es wird heiß werden.*

Unsere Klassenzeitung

Was steht in unserer Zeitung?

A

Die Klasse 4a will eine Klassenzeitung herstellen. Einige Beiträge sind bereits fertig.

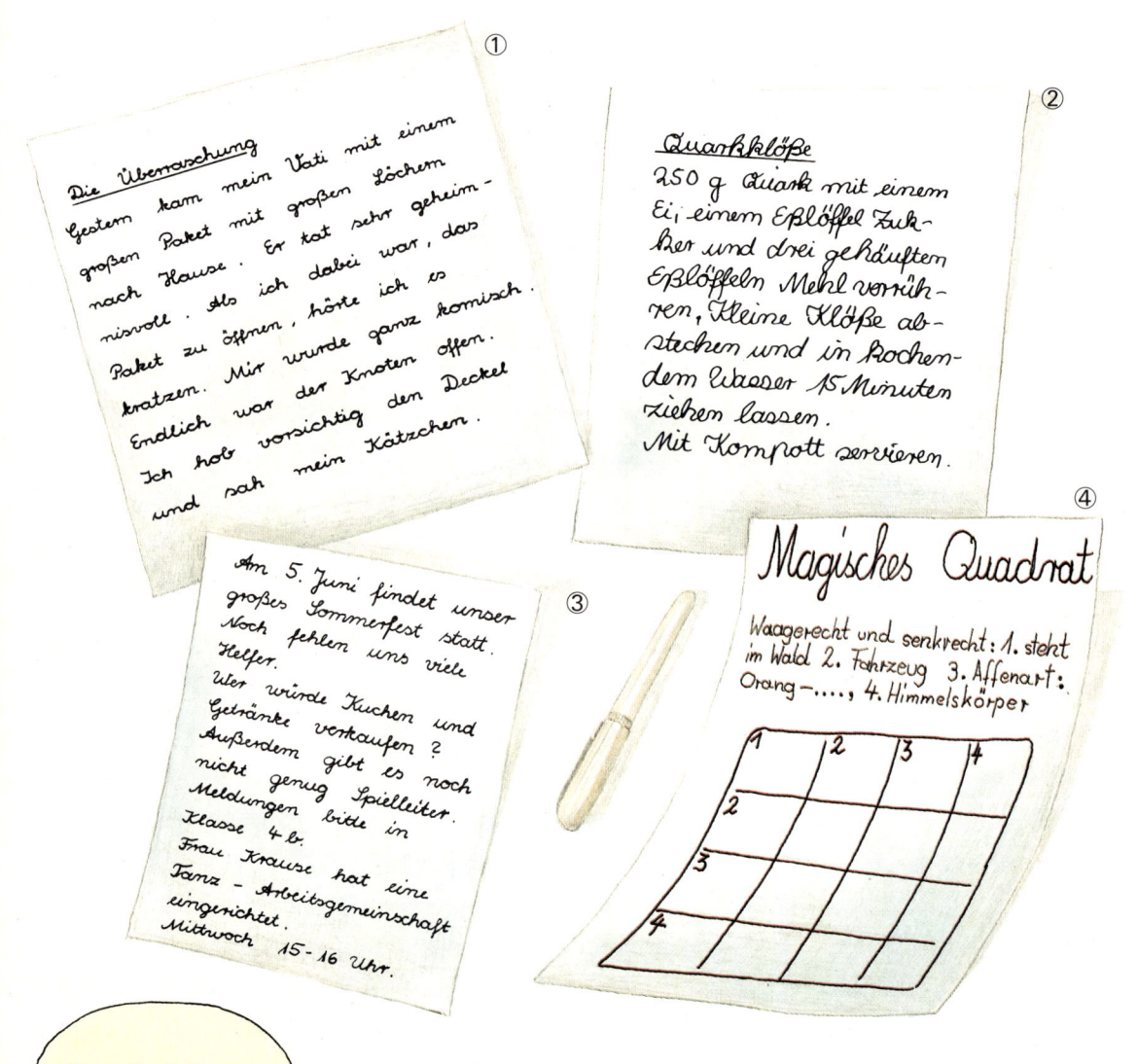

① **Die Überraschung**
Gestern kam mein Vati mit einem großen Paket mit großen Löchern nach Hause. Er tat sehr geheimnisvoll. Als ich dabei war, das Paket zu öffnen, hörte ich es kratzen. Mir wurde ganz komisch. Endlich war der Knoten offen. Ich hob vorsichtig den Deckel und sah mein Kätzchen.

② **Quarkklöße**
250 g Quark mit einem Ei, einem Eßlöffel Zucker und drei gehäuften Eßlöffeln Mehl verrühren. Kleine Klöße abstechen und in kochendem Wasser 15 Minuten ziehen lassen.
Mit Kompott servieren.

③ Am 5. Juni findet unser großes Sommerfest statt. Noch fehlen uns viele Helfer. Wer würde Kuchen und Getränke verkaufen? Außerdem gibt es noch nicht genug Spielleiter. Meldungen bitte in Klasse 4b.
Frau Krause hat eine Tanz-Arbeitsgemeinschaft eingerichtet.
Mittwoch 15-16 Uhr.

④ **Magisches Quadrat**
Waagerecht und senkrecht: 1. steht im Wald 2. Fahrzeug 3. Affenart: Orang-..., 4. Himmelskörper

Bastelanleitungen
Witze
Rätsel
Interviews
Erlebnisse
Anzeigen
...

1. Sucht Überschriften für die vorliegenden Seiten.
   Schreibe auf: Seite 1: Erlebnisse
                 Seite 2: ...
2. Fallen euch noch weitere Themen für Beiträge einer Klassenzeitung ein? Beratet in Gruppen, und schreibt sie auf.
3. Sprecht in der Klasse über die Vorschläge.

A/R Unsere Klassenzeitung
Die Herstellung 53

Unsere Klassenzeitung entsteht

Es macht Spaß, eine Klassenzeitung herzustellen. Bevor jeder seine Zeitung in den Händen halten kann, müssen viele Aufgaben erledigt werden.

Tina hat sich bereits überlegt, welche Arbeitsschritte nötig sind:

- Ordnen und Sammeln der Beiträge und Bilder
- Schreiben der Beiträge
- Übertragen auf Matrizen
- Ordnen der fertigen Seiten
- Zusammenstellen der Beiträge
- Abstimmen, welche Beiträge übernommen werden
- Korrekturlesen
- Zusammenheften der fertigen Seiten
- Abzüge herstellen

1. Fallen euch noch Arbeitsschritte ein, die Tina vergessen hat?
2. Schreibe nun alle Arbeitsschritte so auf, wie sie nacheinander erledigt werden.
3. Wollt ihr eine eigene Klassenzeitung herstellen?
   Überlegt zuerst, wer eure Zeitung lesen soll.
   Was interessiert eure Leser?
   Nach welchen Inhalten wollt ihr die Zeitung gliedern?
   Jeder legt eine Liste an:

   > S. 1. Inhaltsverzeichnis ...
   > S. 2. Erlebnisse ...
   > S. 3. Rätsel, Witze ...
   > ...

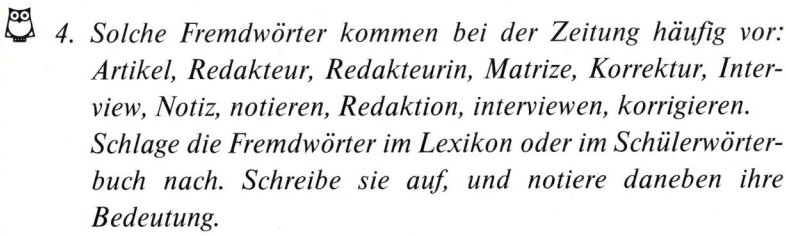

4. Solche Fremdwörter kommen bei der Zeitung häufig vor: Artikel, Redakteur, Redakteurin, Matrize, Korrektur, Interview, Notiz, notieren, Redaktion, interviewen, korrigieren. Schlage die Fremdwörter im Lexikon oder im Schülerwörterbuch nach. Schreibe sie auf, und notiere daneben ihre Bedeutung.

Unsere Klassenzeitung
Erlebnisse erzählen

Im Zoo

Achim und Doris haben für die Klassenzeitung vom letzten Ausflug in den Zoo erzählt. Nun überlegen die Mitschüler, welcher Beitrag in die Zeitung kommen soll.

Im Zoo
Gestern machten wir einen Ausflug in den Zoo. Am Eingang kaufte unsere Lehrerin die Eintrittskarten. Wir sahen uns dann die Elefanten an. Dann gingen wir zu den Nashörnern. Am längsten standen wir vor den Affen. Die haben viel Spaß gemacht. Zum Schluß gingen wir noch auf den Spielplatz. Es war ein schöner Ausflug.

Affentheater
Alle redeten aufgeregt durcheinander. Wir konnten kaum erwarten, eingelassen zu werden. Endlich war es soweit. Unsere Lehrerin hatte große Mühe, uns zusammenzuhalten. Die Elefanten und Nashörner ließen wir schnell hinter uns. Uns zog es zu den Affen.
Ein kleiner Schimpanse lieferte eine richtige Theatervorstellung. Er rutschte eine schräge Bank herunter und klatschte in die Hände. Plötzlich entdeckte er einen alten Lack, den er sich rasch über den Kopf zog. Wie ein kleines Kind schaute er anschließend mit einem Auge hervor und lachte. Es schien, als wolle er „Kuckuck" rufen. Unerwartet kam seine Mutter und nahm ihm den Lack weg. Schimpfte sie mit ihrem Affenkind? Die Vorstellung war jedenfalls beendet, und wir liefen lachend zum Spielplatz.

kurz
langweilig
spannend
anschaulich
knapp
gut
treffend
abwechslungsreich

1. Findet ihr in den beiden Geschichten den <u>Anfang</u>, den <u>Hauptteil</u> und den <u>Schluß</u>?
   Wurde die wörtliche Rede verwendet?
   Wurden verschiedene Satzanfänge verwendet?
2. Ordne den Texten Adjektive (Eigenschaftswörter) zu. Vielleicht fallen dir mehr ein, als am Rand stehen.
3. Suche aus beiden Texten die Verben (Zeitwörter), und stelle sie gegenüber. Was fällt dir auf?
4. Welcher Beitrag gefällt dir besser? Begründe deine Meinung.
5. Schreibt eine Erlebnisgeschichte für eure Klassenzeitung. Wählt die besten aus.

Unsere Klassenzeitung
Geschichten erfinden

A/G — 55

> Verständlichkeit
> Ausführlichkeit
> Reihenfolge
> Textaufbau (Anfang, Hauptteil, Schluß)
> Spannung
> Wortwahl
> Satzbau
> Verschiedene Satzanfänge
> Vermeiden von „Und (dann)" am Satzanfang.
> Vermeiden von Wiederholungen
> Schreiben in <u>einer</u> Zeit
> Verwenden treffender Adjektive (Eigenschaftswörter)
> ...

Der Schreibwettbewerb

Wie wäre es, wenn ihr in eurer Klassenzeitung einen Schreibwettbewerb starten würdet? Hier ist der Schluß einer Geschichte: ... *Kathrin öffnete die Augen und sah über sich das lächelnde Gesicht ihrer Mutti: „Ich bin froh, daß du wieder da bist."*

Oder gefällt dir dieser Schluß besser?
... *Anja war traurig. Nun hatte sie so viel geübt, und wieder hatte es nichts genützt.*

1. Besprich mit deinen Mitschülern, welchen Schluß ihr für den Schreibwettbewerb verwenden wollt.
2. Entwerft einen Text, durch den die Leser eurer Zeitung erfahren, wie die Bedingungen des Wettbewerbs lauten. Was müssen die Schreiber beachten? *Abgabetermin, Anschrift der Redaktion, äußere Form, Länge des Textes, ...*
3. Wie ermittelt ihr die Gewinner des Schreibwettbewerbs? Überlegt, wie ihr die Geschichten bewerten könnt.
4. Schreibe auf, was für eine gute Geschichte wichtig ist.

Welches Adjektiv (Eigenschaftswort) paßt?

	Menschen	Tiere	Pflanzen	Dinge/Sachen
frisch				
deutlich				
schrecklich				
leicht				
mutig				
schwierig				
billig				
ewig				
freundlich				
fröhlich				
fleißig				

1. Schreibe die Tabelle ab. Prüfe, ob die Adjektive besser zu Menschen, Tieren, Pflanzen oder Dingen passen. Kreuze in einem Feld oder in mehreren an.
2. Schreibe die Adjektive mit passenden Nomen (Namenwörtern) auf: *frisches Obst, ein frischer Wind, ...*

Unsere Klassenzeitung
Die Redaktionssitzung

Welches sind die besten Beiträge?

Die Schüler der Klasse 4a setzten sich zusammen, um zu entscheiden, welche Beiträge in die Zeitung übernommen werden sollten. Der Klassensprecher entleerte den Ordner, in dem die Entwürfe gesammelt waren. Während er die Texte vorlas, entstand unter den Schülern eine große Spannung.
Einige Wörter waren so undeutlich geschrieben, daß der Klassensprecher sie nur mühsam enträtseln konnte. Langsam wurde die Stimmung der Kinder entspannter. Bei der Abstimmung waren einige Schüler enttäuscht, weil ihre Beiträge entfallen sollten. Doch um eine Klassenzeitung interessant zu gestalten, muß man sich entschließen, nur die besten Texte zu nehmen.

nehmen
lassen
wenden
Schlüssel
fern
Schuld
laufen

1. *In dem Text beginnen neun Wörter mit dem Wortbaustein* `ent`. *Fertige eine Tabelle an, und trage nach Wortarten getrennt ein. Schreibe die Verben (Zeitwörter) in der Grundform, also* **entleeren** *anstatt* **entleerte,** *und die Adjektive (Eigenschaftswörter) in der Grundstufe.*

Nomen (Namenwörter)	Verben (Zeitwörter)	Adjektive (Eigenschaftswörter)
Entwurf	entleeren	...

2. *Schreibe alle Wörter mit dem Wortbaustein* `ent` *nach Silben getrennt auf:* ent - lee - ren, ...
3. *Suche weitere Wörter mit dem vorangestellten Wortbaustein* `ent`. *Die Wörter am Rand helfen dir dabei.*
4. *Zu einigen Wörtern mit dem vorangestellten Wortbaustein* `ent` *findest du passende Wörter bei den anderen Wortarten. Fertige eine Tabelle an:*

Nomen	Verb (Grundform)	Adjektiv
Entscheidung	entscheiden	entschieden

5. *Suche im Wörterbuch weitere Wörter mit* `ent`.
6. *Wählt einen Chefredakteur für die nächste Klassenzeitung.*
7. *Schreibt auf, was ihr für die nächste Klassenzeitung plant. Verwendet Zeitangaben:* In Zukunft muß unsere Klassenzeitung lustiger sein. Die nächste Ausgabe sollte Witze enthalten. In der kommenden Woche ...

A/G — Unsere Klassenzeitung — **Anja als Chefredakteurin** — 57

Am nächsten Wochenende

Anja sitzt stöhnend vor einem Berg von Zeitungsartikeln. Für die nächste Ausgabe der Klassenzeitung wurde sie zur Chefredakteurin gewählt. Nun muß sie die Beiträge ordnen, korrigieren, umschreiben, auseinanderschneiden und neu zusammenkleben.
„Puh, dazu habe ich heute keine Lust. Damit fange ich erst am Wochenende an. Vielleicht kann mir auch Uwe dabei helfen."

1. Anja hat also keine Lust, sofort mit der Arbeit zu beginnen. Sie wird es erst zu einem späteren Zeitpunkt, in der Zukunft, tun.
Schreibe auf, was Anja und Uwe am nächsten Wochenende tun werden. Schreibe so: *Zunächst werden Anja und Uwe die Beiträge ordnen. Anschließend werden sie die Texte ...*
2. Am Abend erklärt Uwe seiner Schwester, daß er am Wochenende Fußball spielen muß. Nun wird Anja doch allein arbeiten müssen. Schreibe auf: *Anja wird die Beiträge ordnen ...*
3. Versuche möglichst viele Zeitangaben zu finden, die die Zukunft verdeutlichen: *Am kommenden Wochenende ordnet Anja die Beiträge. Morgen ...*

Nächste Woche

Herr Frank ist Chefredakteur einer Tageszeitung. Ihr seht hier, was in seinem Terminkalender für die nächste Woche eingetragen ist.

Mo	5	Gesamtbesprechung mit der Redaktion
Di	6	Sitzung mit dem Herausgeber
Mi	7	Bespr. der Reisebeilage mit Frau Reichert
Do	8	Treffen mit H. Kurz beim Rundfunk
Fr	9	Wochenendbeilage, Besprechung i. d. Redaktion
Sa	10	Einladung beim Oberbürgermeister

1. Schreibe auf, was Herr Frank nächste Woche alles erledigen will: *Am kommenden Montag hat er eine Gesamtbesprechung mit der Redaktion. Am nächsten ... Mittwochs ...*
2. Wie kannst du die Sätze noch aufschreiben? *Am kommenden Montag wird er ... haben. ...*

Um auszudrücken, daß etwas erst in der **Zukunft** geschieht, verbindet man die Grundform des Verbs (Zeitworts) mit dem Wort **werden**:
Sie wird die Beiträge später ordnen.

Im lebendigen Sprachgebrauch verwendet man kaum die grammatische Zeit Zukunft. Um deutlich zu machen, daß etwas in der Zukunft geschieht, benutzt man die Gegenwart und schreibt eine Zeitangabe dazu.

Ostern

Wir basteln Osterschmuck

- Eier kochen, abschrecken
- wenden, andere Seite bekleben
- erst eine Hälfte bekleben
- keine klebrigen Finger
- Ei quer auf ein kleines Glas legen
- oder Eier ausblasen
- zwei Stunden trocknen lassen

Mit Körnern, Kernen und Gewürzen

1. Erkennt ihr, womit die Ostereier geschmückt sind?
2. Schreibe die Bastelanleitung in der Ich-Form und in der richtigen Reihenfolge auf.
3. Was könnte man zum Schmücken der Eier noch nehmen? Schreibe andere Möglichkeiten in ganzen Sätzen auf. Schicke deine Vorschläge an die Redaktion der Kinderseite deiner Zeitung.

Wir basteln Osterschmuck

Tim bastelt

Tim will Osterschmuck aus Eiern basteln. Tim paßt deshalb genau auf, wann seine Mutter ein Ei braucht. Tim fragt seine Mutter dann, ob seine Mutter Tim hilft und das Ei ausbläst. „Gern", sagt die Mutter. Die Mutter holt eine Stopfnadel und bohrt oben und unten ein Loch in die Eierschale. Nun bläst die Mutter oben hinein: unten laufen Eiweiß und Eidotter hinaus. Am Nachmittag ruft die Mutter Tim und gibt Tim bunten Karton. „Du kannst den Karton in Streifen schneiden und Ringe daraus kleben. Darauf können die Eier stehen", sagt die Mutter. Später stanzt Tim mit dem Locher kleine runde Scheiben aus Buntpapier. Damit beklebt Tim die Eier.

1. Was gefällt euch an dem Text nicht? Begründet eure Meinung.
2. Welche Nomen (Namenwörter) kannst du durch Pronomen (Fürwörter) ersetzen? Schreibe den neuen Text auf.
3. Tina hat eine Ostermaus gebastelt. Schreibe auf, wie sie die Maus gemacht hat.
4. Übertrage die Tabelle in dein Heft. Trage die fehlenden Pronomen (Fürwörter) ein:

	Tim	Tina	ein Kind
Wer will basteln?	er		
Wem hilft die Mutter?			
Wen ruft sie?			

Pronomen (Fürwörter) können Nomen (Namenwörter) ersetzen.

Farbige Ostereier

Tim und Tina wollen Eier färben. ☐ brauchen dazu einen Topf mit Farbe, Perlonstrümpfe, Eier, frische Löwenzahn- und Hahnenfußblätter. Die Kinder probieren aus, wie ☐ die Blätter um die Eier legen müssen, damit ☐ nach dem Kochen ein schönes Muster haben. Nun werden die Blätter am Ei befestigt. Die Mutter hilft mit: ☐ zieht vorsichtig den Strumpf darüber. Tim und Tina binden ☐ oben und unten fest zu, damit nichts verrutscht. ☐ legen die verpackten Eier in die Farbe und kochen ☐ acht Minuten. Alle warten gespannt, wie das Muster aussieht und ob ☐ ☐ gefällt.

1. Schreibe den Text ab, und setze die Pronomen (Fürwörter) ein.
2. Am nächsten Tag will Tina es allein versuchen. Schreibe: *Tina will ...*

Ostern
Ostergeschenke

1. Wie kam der Sohn an ein Ostergeschenk? Erzähle.
2. Schreibe eine Geschichte zu den Bildern. Schreibe so, als wäre die Geschichte gestern passiert.
3. Schreibe die Geschichte in der Ich-Form, als wärst du der Sohn.

G — Ostern
Ostergeschenke
61

Das Osternest

Zu Ostern backt Mutti für jeden von uns immer ein Osternest. ☐ ist aus Hefeteig, und zum Frühstück verwenden wir ☐ als Eierbecher. (Später legen wir unsere Schokoladeneier hinein.) Manchmal esser wir ☐ auch gleich zum Frühstück. Mit Butter schmeckt ☐ frisch am besten.

1. Schreibe den Text auf. Setze die Pronomen (Fürwörter) ein.
2. Mein Ostergeschenk: Schreibe selbst eine kleine Geschichte mit wenigstens fünf Sätzen auf.

Wem gehört der Osterstrauß?

<u>Ich</u> habe den Osterstrauß für <u>mich</u> gekauft. Er gehört <u>mir</u>.
<u>Du</u> hast den Osterstrauß für <u>dich</u> gekauft. Er gehört <u>dir</u>.
<u>Er</u> (Tim) … …
<u>Sie</u> (meine Schwester) … …
<u>Es</u> (das Mädchen) … …
<u>Wir</u> haben … …
<u>Ihr</u> … …
<u>Sie</u> … …

Ergänze die Sätze, und schreibe sie auf.

> sich, uns, sich, ihm, ihr, euch, sich, ihm, uns, ihnen, euch, sich

---

Lieber Onkel Christian,
vielen Dank für das tolle Buch, das Du mir zu Ostern geschenkt hast. Ich habe es gleich in den Ferien gelesen. Hat Dir unser Geschenk auch Spaß gemacht?
Dürfen Tina und ich damit spielen, wenn wir Dich das nächste Mal besuchen?
> *Viele Grüße*
> *Dein Tim*

1. Schreibe den Brief ab, und unterstreiche die Pronomen (Fürwörter). Was fällt dir auf?
2. Was haben Tim und Tina wohl geschenkt? Überlegt und beschreibt.
3. Vielleicht kennst du jemanden, der sich über einen Brief von dir freuen würde. Du weißt ja jetzt auch, worauf du besonders achten mußt.

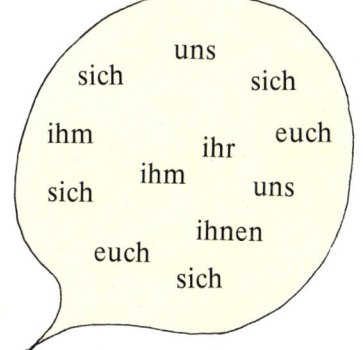

> Anredefürwörter im Brief groß: Du, Dein, Sie, Ihnen, …

Ostern
Bräuche und Spiele

> Aus Verben (Zeitwörtern) werden Nomen (Namenwörter), wenn ein Artikel (Begleiter) vor ihnen steht (oder ergänzt werden kann):
> essen – das Essen;
> schenken – Schenken macht Spaß!

Ostereier

Bis zum 15. Jahrhundert war das Essen von Eiern in der Fastenzeit verboten. Dadurch sammelten sich in diesen Wochen viele Eier an, die zu Ostern, nach dem Fasten, verschenkt wurden. Später hob die Kirche dieses Verbot auf, aber den Brauch des Verschenkens von Ostereiern gibt es bis heute.

1. Aus welchen Verben (Zeitwörtern) sind hier Nomen (Namenwörter) geworden? Schreibe auf: essen – das Essen, …
2. Bilde aus diesen Verben (Zeitwörtern) Nomen (Namenwörter): sammeln, spielen, malen, lesen, singen, schreiben, würfeln.
3. Schreibe Sätze auf, in denen die Nomen (Namenwörter) aus Aufgabe 3 vorkommen.

Wie vor fünfzig Jahren Eier gefärbt wurden

Tinas Großmutter erzählt: „Früher gewannen wir die Farben für die Ostereier aus Pflanzensäften. Am bekanntesten war der Zwiebelsaft, der durch Einweichen und Kochen der braunen Zwiebelschalen gewonnen wurde. Er färbte die Eier braun. Grüne Farbe erhielten wir durch Quetschen und Kochen frischer Gras- und Korntriebe. Gelbgrün gewannen wir durch das Aufgießen von Brombeerblättern. Am schönsten war das Gewinnen der roten Farbe. Hierzu nahmen wir den Wurzelstock des Labkrautes, der dicht unter der Haut eine gelblich-rote Farbschicht enthält. Beim Auskochen liefert er einen schönen roten oder braunroten Farbton."

1. Schreibe den Text ab. Welche sieben Nomen (Namenwörter) wurden aus Verben (Zeitwörtern) gebildet? Unterstreiche sie.
2. Schreibe Sätze auf, in denen diese Nomen vorkommen: das Schenken, beim Schälen, im Essen, vom Kochen, zum Färben.
3. Ergänze die fehlenden Buchstaben, und schreibe die Sätze auf:
Nach dem _ärben der Eier das _ändewaschen nicht vergessen. Das _sblasen der Eier ist nicht einfach. Vor sechshundert Jahren war das _ssen von Eiern in der Fastenzeit verboten.

Ostern
Bräuche und Spiele

Eierlaufen

Jeder Spieler legt ein Osterei auf einen Suppenlöffel. Dann laufen alle um die Wette. Die Spieler müssen aufpassen, daß sie das Ei nicht fallen lassen. Wer das Ziel zuerst erreicht, ohne das Ei verloren oder zerschlagen zu haben, ist Sieger. Spannender wird das Spiel, wenn man statt des großen Löffels einen Kaffeelöffel nimmt.

1. Suche die Wörter mit **ss** heraus.
2. Übertrage die Tabelle auf die Doppelseite eines Heftes, und ergänze sie:

ich	muß	?	?
du	?	läßt	?
er, sie, es	?	?	paßt auf
wir	?	lassen	?
ihr	müßt	?	?
sie	?	?	?

3. Trage auch diese Wörter ein: essen, messen, wissen.
4. Schreibe die Verben (Zeitwörter) in der Vergangenheit auf: *ich mußte, du mußtest, er ... ich ließ, ...*
5. Bilde kurze Aufforderungssätze in der Einzahl und in der Mehrzahl: *Laß das Ei nicht fallen! Laßt die ...*

Eierstoßen

Jeder Mitspieler erhält ein hartgekochtes Ei. Zwei Spieler stoßen nun die Spitzen ihrer Eier gegeneinander. Der Spieler, dessen Ei eingedrückt wird, hat verloren. Der Gewinner spielt gegen den nächsten. Wer zum Schluß ein unversehrtes Ei hat, hat gewonnen.

1. Wie heißt in der Geschichte das Wort mit **ß** am Ende? Setze es in die Mehrzahl.
2. Schreibe diese Wörter in der Mehrzahl auf: der Schuß, das Schloß, der Paß, der Riß, der Kuß, die Nuß. *der Schuß – die Schüsse, ...*
3. Schreibe diese Wörter in der Einzahl auf: die Flüsse, die Küsse, die Bisse, die Fässer.

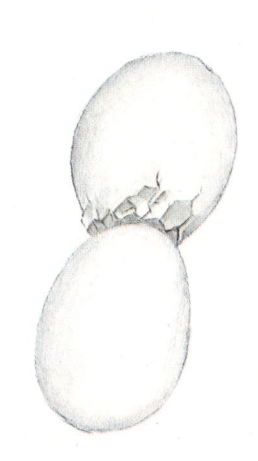

Im Frühling
Der Frosch

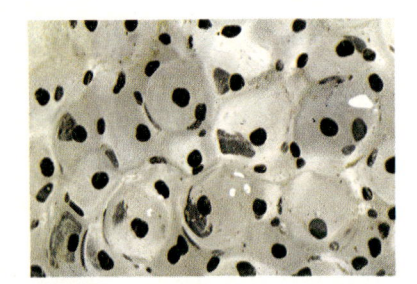

So entwickelt sich der Grasfrosch

Ende März legt das Froschweibchen den Froschlaich in einem Teich oder in einem Tümpel ab. Im Froschlaich befinden sich die Eier. Sie sind durch eine gallertartige Hülle geschützt. Schon nach wenigen Tagen verändert sich der Laich: Aus dem schwarzen Punkt in jedem Ei entwickelt sich der Keim. Nach etwa zwanzig Tagen kann man mit einer Lupe Kopf und Schwanz erkennen. Wenn man genau hinschaut, sieht man auch, wie sich die winzigen Kaulquappen bewegen. Nach einigen weiteren Tagen platzt die Eihülle, und die Kaulquappen sind frei. Sie sehen eher aus wie Fische. Und daraus sollen Frösche werden? Drei bis vier Wochen später beginnt die Verwandlung: Der Kaulquappe wachsen kleine Hinterbeine...

1. Beschreibe weiter. Der letzte Satz könnte heißen: *Bis Anfang Juli ist aus dem Laich ein Frosch geworden.*
2. Schlage in einem Lexikon oder in einem Tierbuch nach, und prüfe, ob deine Beschreibung vollständig ist.
3. Schreibe die Entwicklung des Grasfrosches auf.
4. Namen für den Frosch: Breitmaul, Großmaul, Plattfuß, Glotzauge, Mückenfänger, Springfuß, ... Welche Namen findest du noch? Welche Namen fallen dir für die Kaulquappe ein?
5. Erfinde solche Namen für Schmetterlinge, Spatzen, Hunde und Katzen.
6. Schreibe eine Geschichte „Frösche in Gefahr".

Im Frühling
Tiere und Tierkinder

Ein Teich war zugefroren;
Die Fröschlein, in der Tiefe verloren,
Durften nicht ferner quaken noch springen,
Versprachen sich aber, im halben Traum:
Fänden sie nur da oben Raum,
Wie Nachtigallen wollten sie singen,
Der Tauwind kam, das Eis zerschmolz,
Nun ruderten sie und landeten stolz
Und saßen am Ufer weit und breit
und quakten wie vor alter Zeit.

                Johann Wolfgang von Goethe

1. Wer trägt das Gedicht am besten vor?
2. Stellt den Inhalt im Spiel dar.

Seltsame Tierkinder

Die Froscheltern sind ausgezeichnete Springer. Das Froschkind, die Kaulquappe, hat anfangs nicht einmal Beine, dafür aber einen Schwanz als Ruderflosse. Es könnte eher ein Fischkind sein.
Wenn die Schmetterlinge flattern, zeigen sie ihre prachtvollen Flügel. Ihre Kinder, die Raupen, sind flügellos. Sie kriechen umher und fressen sich dick.
Der weißliche Engerling sieht aus wie ein Wurm. Aus ihm soll ein Maikäfer werden?

1. Ordne die unterstrichenen Wörter nach dem Abc, und schreibe sie auf.
2. Schlage sie im Wörterbuch nach. Wo findest du z. B. das Wort **ausgezeichnet**?
3. Im Wörterbuch findest du verwandte Wörter der unterstrichenen Wörter. Schreibe sie auf.
4. Ordne Wörter aus dem Text nach den Wortarten Verb (Zeitwort), Nomen (Namenwort), Adjektiv (Eigenschaftswort) und Pronomen (Fürwort).
5. Schreibt den Text „Seltsame Tierkinder" als Partnerdiktat.

Im Frühling
Vögel im Frühjahr
G/R

Vögel in Tinas Garten

Tina zeigt Stefanie ihren Garten. Überall blühen Frühlingsblumen. Als die beiden Mädchen zu den Bäumen kommen, fliegen die Vögel hoch.
Wohin fliegen die Amseln, die Spatzen, die Meisen, die Rotkehlchen, die Buchfinken? Auf das Dach, auf die Antenne, auf den Zaun, in das Gebüsch, unter die Hecke?

1. Schreibe auf: *Die Amseln fliegen* ...
   Unterstreiche, **wohin** die Vögel fliegen.
2. Wo sitzen die Amseln, die Spatzen, die Meisen, die Rotkehlchen und die Buchfinken jetzt? Auf dem Dach, auf dem Zaun ... ? Schreibe auf: *Die Amseln sitzen* ...
   Unterstreiche, **wo** die Vögel sitzen.

Wo nisten die Vögel?

Der Star nistet und brütet ...	fremde Nester.
Die Hausschwalbe mauert ihr Nest ...	dichte Büsche und Hecken.
Die Amsel baut ihr Nest ...	Hauswand.
Der Specht hämmert eine Nisthöhle ...	Kasten.
Der Kuckuck legt seine Eier ...	Dächern und Schornsteinen.
Störche bauen ihr Nest hoch oben ...	Baum.

1. Ergänze die Sätze. Prüfe dein Ergebnis mit dem Lexikon nach.
2. Welche Nistplätze sind bedroht? Erkläre warum.

Sätze mit „weil"

Die Amsel fliegt davon, weil ...   Die Katze faucht, weil ...
Der Hase flieht, weil ...   Der Hund bellt, weil ...

1. Die Sätze mit **weil** sagen, warum die Tiere so handeln.
   Ergänze die Sätze, und schreibe sie auf (Komma vor **weil**!).
2. **Weil** kann auch am Satzanfang stehen: *Weil ihre Nistplätze vernichtet werden, ist der Bestand der Vögel bedroht. Weil ihre Nahrung vergiftet ist, ... Weil das Wasser mit Öl verschmutzt wird, ... Weil manche Vogelarten geschossen werden, ... Ergänze und schreibe auf.*

Weil-Sätze haben ein Komma.

Im Frühling
Am Wochenende

A/G 67

Überall wachsen und blühen Pflanzen

Familie Frank geht sonntags zu ihrem Wochenendgrundstück. Von Woche zu Woche blüht es dort schöner.
Da blühen gelbe Primeln. Dort grünt der Fliederbusch. Da wachsen ... Dort brechen die ... auf. ...

1. Betrachte das Bild, und erzähle. Diese Verben (Zeitwörter) kannst du dabei verwenden: aufbrechen, ausschlagen, blühen, duften, gedeihen, grünen, keimen, klettern, ranken, sprießen, wachsen, wuchern.
2. Beschreibe nun genauer. Gib an, wo etwas blüht und wächst:
   Überall wachsen und blühen Pflanzen
   In der Blumenschale blühen gelbe Primeln. Der Flieder ...

Balkon
Beet
Blumenschale
Dachrinne
Gartenhaus
Geländer
Gitterwand
Rasen
Regentonne
Treppe
Zaun

Im Freien

Wir haben leider keinen eigenen Garten. Aber am Wochenende gehen wir bei gutem Wetter immer ins Freie. In aller Frühe streichen wir uns Brote und nehmen Getränke mit. Draußen im Grünen suchen wir uns einen Platz zum Spielen. Dort essen wir dann auch. Ganz in der Nähe ist ein Bach. Dort planschen wir herum, wenn es uns zu warm wird.

1. Suche die Adjektive (Eigenschaftswörter) heraus, die als Nomen (Namenwörter) verwendet sind, und übe sie so:
   frei, das Freie, im Freien, ins Freie. Wir gehen zum Spielen ins Freie.
   früh, die Frühe, in der Frühe. In der Frühe ...
2. Bilde aus folgenden Adjektiven (Eigenschaftswörtern) Nomen (Namenwörter): dunkel, hell, eng, naß, trocken, wüst, leer, streng, kurz, lang, breit, groß:
   dunkel – die Dunkelheit – das Dunkel – im Dunklen, ...
   hell – ...

Im Frühling
Gemüse

Die Mahlzeit vom Wegrand

Neulich sah Tim die Nachbarin, Frau Stein, mit Handschuhen, einem Messer und einem Korb in den Wald gehen. Tim fragte sich: „Was wird sie wohl sammeln?" Als Frau Stein zurückkam, erfuhr er des Rätsels Lösung: Sie hatte am Waldrand Brennnesseln gesammelt. „Draußen findet man genug für eine gesunde Ernährung. Man muß besonders auf die Sauberkeit achten. Pflanzen vom Straßenrand soll man nicht essen. Außerdem müssen die Brennesseln, die man ißt, noch ganz jung sein. Zur Sicherheit muß man sich genau bei den Beratungsstellen erkundigen. Aber jetzt muß ich mit dem Kochen anfangen!"

1. Hast du schon einmal etwas Ähnliches erlebt? Erzähle.
2. Schreibe die Nomen (Namenwörter) mit den Wortbausteinen heit, keit und ung heraus.
3. Bilde aus folgenden Wörtern Nomen (Namenwörter): betrachten, bewegen, einladen, erinnern, erzählen, hoffen, klar, leicht, lustig, tapfer, nützlich, träge, sauber, rein, rauh, steil, schädlich, trocken, weich.
4. Suche selbst Nomen (Namenwörter) mit den Wortbausteinen ung, heit, keit am Ende.

Rezept für Brennesselgemüse

Die Blätter sorgfältig abwaschen – in einem Topf mit etwas Wasser wie Spinat kochen – in einem Sieb abtropfen lassen und den Saft auffangen – die Blätter auf einem Brett kleinschneiden – kleingehackte Zwiebeln und durchwachsenen Speck mit Margarine oder Butter dünsten – mit etwas Saft ablöschen und die geschnittenen Blätter dazugeben – mit Salz, etwas Muskatnuß und etwas Milch oder Sahne abschmecken

1. Schreibe den Vorgang in der Du-Form auf:
   Du wäschst die Blätter sorgfältig ab. Dann ...
2. Frage deine Großmutter oder einen anderen älteren Menschen nach einem ähnlichen Rezept. Schreibe es auf.
3. Auf dem Rand haben sich kreuz und quer zehn Gemüsesorten versteckt. Schreibe sie mit dem Artikel (Begleiter) auf.

```
PURRADIESCHENZ
KOPFSALATNMVCK
ROTKOHLKMNGDKE
CVDGSELLERIEBN
SAWZWIEBELNBGT
```

```
RIBLBLUMENKOHLDGXW
ERVDOAOLKDEJBAQUAB
TMKAHZÖWGCIGVUKRPL
TDFGNKLOIUREVCIKOL
ISDFEÖOKIUJGRHBEZN
CDSFNULHOWRETCVNVY
HDKGTEUIOMNVCSEFGÖ
```

Im Frühling
Pflanzenrätsel und Pflanzennamen

G/R — 69

Pflanzenrätsel

Als ich von meiner Mutter kam,
hatt' ich ein weißes Kleidchen an.
Das weiße verlor ich.
Das rote zierte mich.
Mein Herz war wie ein runder Stein,
mein Blut wie roter Wein.

Im Lenz erfreu ich dich,
im Sommer kühl ich dich,
im Herbst ernähr ich dich,
im Winter wärm ich dich.

Welches Glöckchen läutet nicht?
Welcher Zahn wächst auf der Wiese?
Welcher Hut wächst im Wald?
Welche Pflanze brennt und ist doch nicht heiß?

1. Schreibe die Rätsel ab. Welche Lösungen findest du?
2. Prüfe, ob du alles richtig gefunden hast: Kirsche, Baum, Schneeglöckchen, Löwenzahn, Fliegenpilz, Brennnessel.

Was verraten die Pflanzennamen?

Die Kletterbohne heißt so, weil ...
Die Brennessel nennt man so, weil ...
Die Wucherblume ...

1. Schreibe die Sätze vollständig auf.
2. Suche andere Pflanzennamen, die etwas über die Pflanzen aussagen.

Wer kennt die Farben?

Das Veilchen sieht blau aus, es ist veilchenblau. Die Taube sieht grau aus, sie ist ...

1. Wie heißen die passenden Farben: Blatt, Meer, Reh, Tinte, Schokolade, Himmel, Gras, Apfel, Ziegel, Mais, Schnee?
2. Bei welchen Gelegenheiten benutzen wir solche Vergleiche: feuerrot, krebsrot, weinrot, purpurrot, blutrot? Schreibe Beispiele auf:
   Wenn die Sonne untergeht, ist sie manchmal feuerrot.
   Wenn jemand einen Sonnenbrand ...
   Wenn man auf dem Kopf steht, steigt das Blut ins Gesicht.
   Man ...

In unserer Umgebung

Autokennzeichen

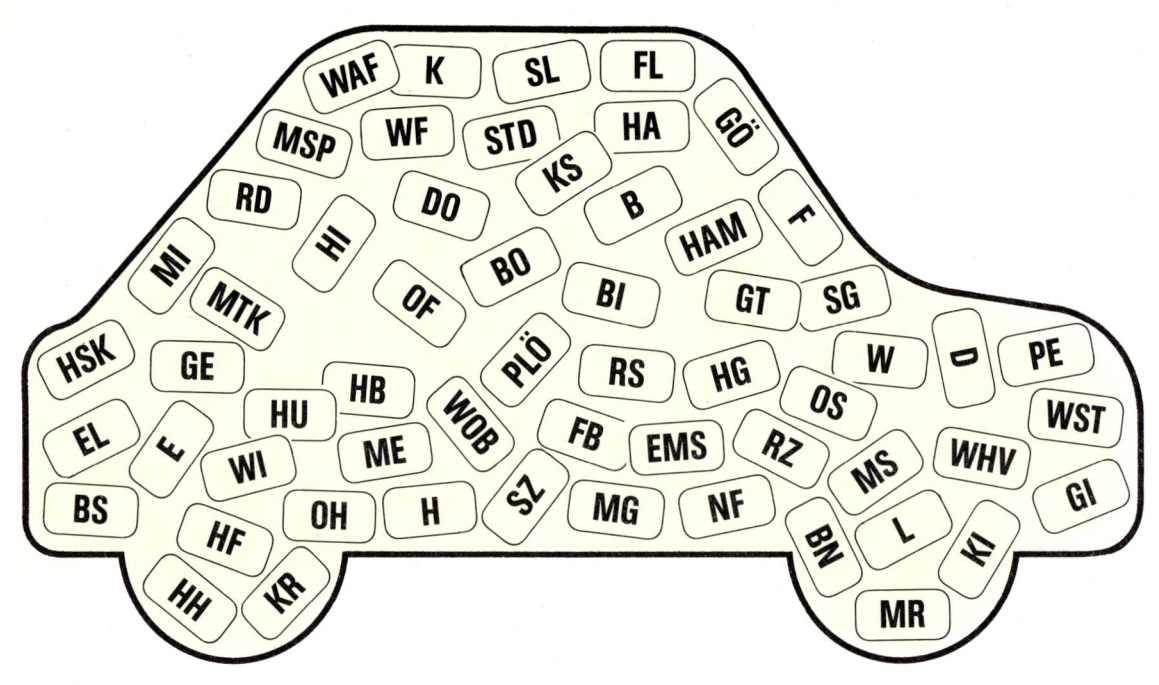

WAF K SL FL
MSP WF STD HA GÖ
RD HI DO KS B F
MI MTK OF BO BI HAM GT SG
HSK GE HB PLÖ RS HG W D PE
EL HU WOB OS WST
BS E WI ME FB EMS RZ MS WHV
HF OH H SZ MG NF BN L KI GI
HH KR MR

B-US 123
BO-OT 9385

Tim und Tina sind mit ihren Eltern im Auto unterwegs. Bald wird es ihnen langweilig, und sie überlegen, was sie spielen können. Plötzlich sagt Tim: „Schau mal, dort der gelbe Geländewagen, er hat das Kennzeichen MA-US 25. Weißt du, woher der kommt?" „Nein", antwortet Tina. „Aber ich weiß, wo wir nachschauen können." „Und mir ist eben eingefallen, wie wir daraus ein Spiel machen können", sagt Tim stolz.

1. Wie können Tim und Tina Spiele mit Autokennzeichen spielen?
2. Welche der abgebildeten Kennzeichen kennt ihr?
3. Ordnet alle Kennzeichen nach dem Alphabet. Schreibt die Städtenamen und die Namen der Kreise, die ihr kennt, daneben. Die anderen schlagt ihr im Taschenkalender oder in einem Autoatlas nach.
4. Welche Autokennzeichen haben folgende Städte und Kreise: Bonn, Berlin, Heidelberg, Passau, Regensburg, Fulda, Kassel, Stuttgart, Karlsruhe, Mannheim, Trier, Saarbrücken, Mainz, Münster, Bremen, Hamburg, Minden, Oldenburg, Flensburg, Wolfsburg, Düsseldorf, Köln, Bochum?
5. Stelle in einer Liste die Kennzeichen deiner Nachbarkreise und naher Großstädte zusammen.

A/G   In unserer Umgebung
Zu Hause

Kennst du deine Heimat?

Ist die Gegend bei euch eben oder gebirgig (flach, wellig, hügelig, bergig, …)?
Sind die Berge hoch oder niedrig (steil, bewachsen, kahl, …)?
Ist das Tal eng oder weit (breit, gerade, gewunden, …)?
Gibt es bei euch Wald (klein, groß, dunkel, hell, …)?

1. Schreibe auf: *Wir wohnen in einer … Gegend.*
2. Welche Sehenswürdigkeiten gibt es in eurer Umgebung? Sieh in der Kreiskarte nach, wie man die Namen schreibt. Trage sie dann in solch eine Übersicht ein:

Ortschaften	Berge	Gewässer	Sehenswürdigkeiten
…	…	…	…

    Kirchen   Theater
    Schlösser   …
    Burgen   Hallenbad
    …   Sportplatz

3. Macht eine Ausstellung mit Fotos, Postkarten, Prospekten, … von eurer Umgebung.
4. Denkt euch einen Werbespruch für euren Ort aus.
5. Fertigt einen Prospekt für euren Ort und die Umgebung an.
6. Schreibe einen Aufsatz mit der Überschrift:
   Ich zeige einem Fremden unsere Stadt/unser Dorf
   Denke daran, daß der Besucher auch essen und trinken will.

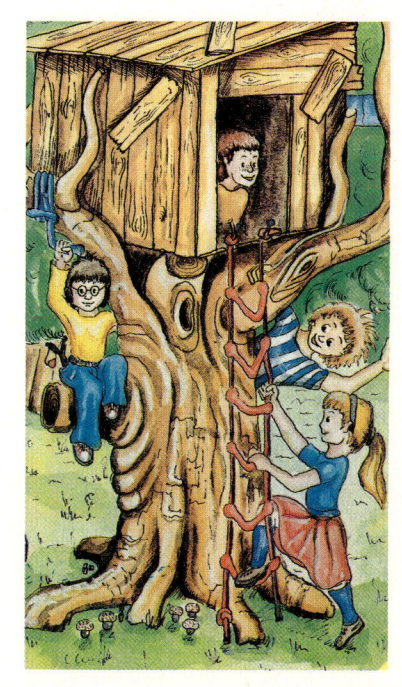

Mein Lieblingsplatz

Jeder von euch hat einen Platz, an dem er sich besonders wohlfühlt und der besonders wichtig für ihn ist.

1. Jeder malt ein Bild von seinem Lieblingsplatz und läßt die anderen raten.
2. Erzähle zu deinem Bild: Wo ist der Platz? Wie groß ist er? Wie fühlst du dich dort? Ist es dort hell oder eher dunkel? Fühlst du dich dort sicher, oder ist es ein bißchen unheimlich?
3. Nun beschreibt jeder seinen Lieblingsplatz möglichst genau. Schreibe auf, wie man dort hinkommt. Was sieht man dort alles?

In unserer Umgebung

Stadt und Land

Dorf und Stadt

In meinem Dorf zu Hause,
bei uns hier auf dem Land,
da läßt es sich am besten leben.

In meinem Dorf zu Hause,
da trink ich frische Milch,
da kann ich auf dem Traktor fahren.

In meinem Dorf zu Hause,
da ist es still und grün,
da kann ich auf dem Dorfteich rudern.

In meinem Dorf zu Hause,
da haben wir es gut,
da kann man in den Feldern spielen.

In meinem Dorf zu Hause,
da brauchen wir keinen Zoo,
da laufen Tiere, wo sie wollen.

In meinem Dorf zu Hause,
da warten wir auf dich,
da wird es dir sehr gut gefallen.

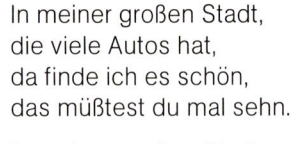

In meiner großen Stadt,
die viele Autos hat,
da finde ich es schön,
das müßtest du mal sehn.

In meiner großen Stadt,
die einen großen Hafen hat,
kannst du am Ufer stehn
und viele Dampfer sehn.

In meiner großen Stadt,
die einen Flugplatz hat,
da kommen von weit her
Flugzeuge übers Meer.

In meiner großen Stadt,
die einen Tierpark hat,
kann man, und das ist schön,
seltene Tiere sehn.

Und wenn du Ferien hast,
dann komm und sei mein Gast,
dann kannst du mit mir gehn
und dir die Stadt ansehn.

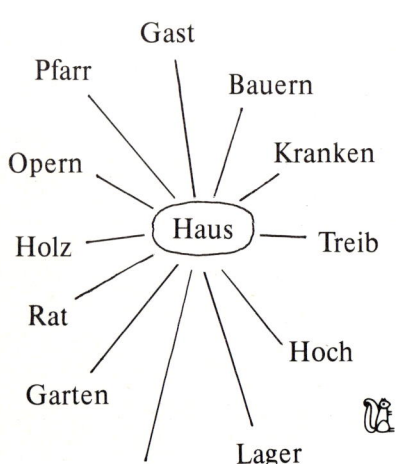

Jochen Krüger

Haus-Wortfeld: Gast, Pfarr, Bauern, Opern, Kranken, Holz, Treib, Rat, Hoch, Garten, Lager, Schauspiel

1. Bildet zwei Gruppen. Im Wechsel spricht die eine Gruppe das Gedicht über das Dorf, die andere das Gedicht über die Stadt.
2. Ihr könnt die beiden Gedichte fortsetzen: Was fällt euch noch über das Dorf ein, was über die Stadt?
   Wald, frisches Obst, Gemüse, gute Luft, ...
   Kinos, Autos, Bahnhof, Supermärkte, ...
3. Vergleiche Dorf und Stadt miteinander:
   Dorf: eine Kirche, ein Schulhaus, eine Bücherei, eine große Straße, ...
   Stadt: mehrere Kirchen, mehrere Schulen, mehrere Büchereien, viele große Straßen, größere Häuser, ...
4. Welche Häuser gibt es im Dorf? Welche in der Stadt? Setze die Wortteile zusammen, und schreibe die Nomen mit Artikel in der Einzahl und in der Mehrzahl auf.

Wandern

In unserer Umgebung

Zwei Schildbürger auf Wanderschaft

Es war stockfinster, und zwei Schildbürger standen an einer Wegkreuzung. Sie wollten nach Schilda. Welchen Weg sollten sie gehen? In der Dunkelheit konnten sie den Wegweiser nicht lesen. Einer der beiden versuchte, ein Streichholz anzuzünden, aber der Wind löschte es immer wieder aus. Da hatte der andere eine Idee: Schnell kletterte er den Wegweiser hinauf, brach die Schilder ab und warf sie hinunter. Jetzt konnten sie lesen!

1. *Haben die beiden den Weg wohl gefunden?*
2. *Bestimme die Prädikate (Satzkerne) dieser Sätze:*
   Sie standen an der Kreuzung. Sie wollten nach Schilda.
   Schreibe ab, und unterstreiche das Prädikat (den Satzkern) jeweils rot.
3. *Wie heißen die Prädikate (Satzkerne) in diesen Sätzen?*
   Er kletterte den Wegweiser hinauf. Er brach die Schilder ab.
   Er warf die Schilder hinunter.
   Schreibe ab, und unterstreiche die Prädikate wiederum rot.
   Was fällt dir auf?
4. *Bestimme wieder die Prädikate, und unterstreiche sie rot:*
   Welchen Weg sollten sie gehen? Jetzt konnten sie lesen!

> Es gibt auch **zweiteilige Prädikate** aus einteiligen Verben (Zeitwörtern):
> hinaufklettern
> wird zu:
> … kletterte … hinauf.

Ein Satzbauspiel

mit Stefanie	Christian	will	am nächsten Sonntag	wandern
soll	ein Ziel	Er	sich	ausdenken	für die Wanderung
werden	Seine Eltern	für Essen und Trinken	sorgen
Gestern	Tina	eine Radtour	hat	mit Tim	gemacht
sollten	Sie	um sechs Uhr	zurückkommen
erst	um sieben Uhr	sie	kamen	zu Hause	an	Aber

1. *Bilde mit dem Satzbauspiel Sätze, und schreibe sie auf.*
2. *Unterstreiche die Prädikate (Satzkerne) rot.*
3. *Bilde auch Sätze mit diesen Verben:*
   spazierengehen, loslaufen, vorbeilaufen, umherlaufen, herumgehen, hinaufklettern, hinüberspringen.

In unserer Umgebung
Verschiedene Türme
A/G

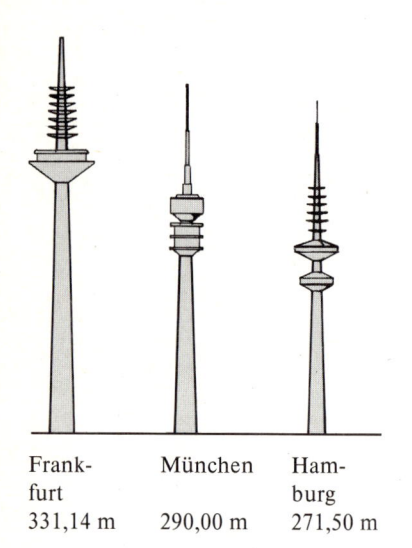

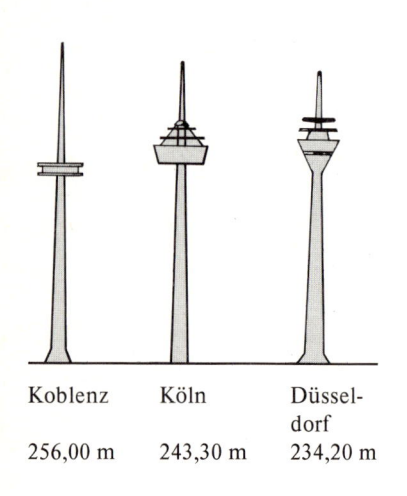

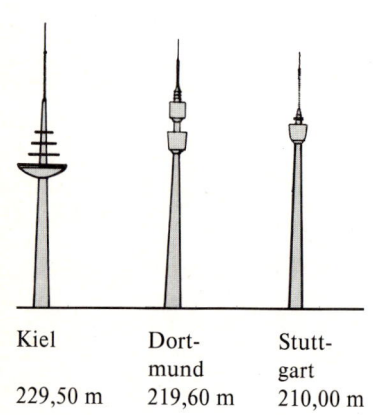

Frank- furt 331,14 m	München 290,00 m	Ham- burg 271,50 m
Koblenz 256,00 m	Köln 243,30 m	Düssel- dorf 234,20 m
Kiel 229,50 m	Dort- mund 219,60 m	Stutt- gart 210,00 m

Neun Fernsehtürme

1. Vergleiche die Türme miteinander: *Der Hamburger Turm ist größer als der Kölner Turm. Der ...* Denke auch an *kleiner als*.
2. Bereite eine Tabelle für 20 Adjektive in deinem Heft vor:

Grundstufe	1. Steigerungsstufe	2. Steigerungsstufe
groß	*größer*	*am größten*

Trage auch diese Adjektive (Eigenschaftswörter) in solch eine Tabelle ein: schön, neu, dick, dünn, lang, schmal, mächtig
3. Wie drückst du dich aus, wenn Personen, Tiere oder Dinge gleich sind? ... *ist so groß wie* ... Vergleiche zwei gleiche Personen, zwei Tiere, zwei Bäume und zwei Häuser miteinander.
4. Welche Türme gibt es bei euch? Denke auch an Kirchen, Burgen, Wassertürme, Wachttürme, Uhr- und Glockentürme, Leucht-, Aussichtstürme.

Der kluge Spatz

Vor vielen Jahren fuhren die Bewohner einer bekannten Stadt einmal ... Tannenstämme heran. Weil sie der Breite nach geladen hatten, kamen sie nicht durch das ... Stadttor. Selbst die ... Ratsherren wußten keine Hilfe. Da machten sich die ... Bürger daran, den ... Torturm abzubrechen. Unter dem ... Dach baute ein Spatz sein ... Nest. Gerade flog er wieder mit einem ... Strohhalm an. Er hielt ihn der Breite nach in seinem ... Schnabel. Doch kurz vor der ... Mauerlücke drehte er ihn und trug ihn der Länge nach ins Nest. Da ging den Bürgern ein ... Licht auf. Sie beluden ihren Wagen der Länge nach, und die ... Pferde zogen an. Jetzt konnten sie mühelos durch das ... Tor fahren.

1. Ergänze die Sätze mit den Adjektiven (Eigenschaftswörtern) hell, eng, steil, lang, versteckt, spitz, mächtig, töricht, schmal, klug, alt, klein, kräftig.
2. In welcher Zeitstufe ist der Text geschrieben? Schreibe den Text in der Gegenwart. *Loeben ...*
3. Steigere die Adjektive. Trage sie in die Tabelle ein.

Flüsse und Brücken

Die Geisterbrücke

Durch ein enges und tiefes Tal floß ein reißender Fluß. Die Bewohner des Tales beschlossen, eine Brücke über diesen Fluß zu bauen. Ein junger Baumeister entwarf den Plan. Die Brücke sollte in einem hohen Bogen die beiden Talseiten miteinander verbinden.

Schon bald wurde mit dem Bau der Brücke begonnen. Als nur noch das Mittelstück fehlte, bekamen die Maurer und Steinmetze Angst. Sie trauten sich nicht, hoch über dem Wasser die schweren Steinblöcke in das letzte Bogenstück einzusetzen. Das bemerkte ein Wassergeist, der in einer nahen Felsenhöhle hauste und der den Menschen manchmal half und ihnen manchmal auch schadete. Er versprach, die Brücke fertig zu bauen. Aber er stellte eine Bedingung: Das erste Lebewesen, das über die Brücke ging, sollte ihm gehören. Der Baumeister überlegte kurz und ging dann auf den Handel ein.

1. Lies die Geschichte, und erzähle sie dann deinem Nachbarn.
2. Die Bewohner des Tales freuten sich noch lange an ihrer Brücke, denn der Baumeister war klüger als der Wassergeist. Denke dir aus, wie er den Handel gewonnen hat.
3. Sammelt Sagen und Geschichten aus eurer Umgebung, die von einem besonderen Ort oder einer Person erzählen.

Am Fluß

Unsere Stadt liegt in einem Flußtal. Im Westen wird sie von einer bewaldeten Bergkette begrenzt. Eine breite Straße führt am Fluß entlang. Zwei Brücken verbinden die Stadt mit den Vororten am rechten Ufer. Vom Aussichtsturm sieht der Fluß sehr schmal aus. Die Schiffe sind so groß wie in der Badewanne. Die Häuser der Stadt und die beiden Brücken sind winzig klein. Wenn ich auf dem Turm stehe, sehe ich, wie die Berge im Süden dicht an den Fluß heranreichen. Nach Norden dehnt sich das Tal zu einer Ebene aus.

1. Übe schwierige Wörter: Zusammengesetzte Wörter zerlegst du in Wortteile und in Silben. Wörter, die du nicht kennst, schlägst du nach und schreibst sie mit Erklärungen auf.
2. Diktiert euch den Text „Am Fluß" als Partnerdiktat.

Schulfest

Das Zirkusspiel

Zirkusdirektor Tim

Das diesjährige Sommerfest der Tannenschule findet im Juni statt. Ein wichtiger Teil des Programms ist das große Zirkusspiel der Klasse 4 a. Tim soll Zirkusdirektor sein. Er wird Frack und Zylinder tragen und in der Hand eine Peitsche halten. Zur Begrüßung will er dieses Gedicht aufsagen:

Hereinspaziert

Liebe Eltern und Kinder!
ruft der Mann im Zylinder.
Hereinspaziert! Hereinspaziert!
Hier wird ein Nilpferd vorgeführt.
Der Mann mit der Peitsche ist ein Dompteur
und der mit den Ringen ein Jongleur.
Der Schwarze mit dem Messer
ist sogar ein Feuerfresser!

Liebe Eltern und Kinder!
ruft der Mann im Zylinder.
Das kleine Mädchen tanzt auf Spitzen
und wird auf einem Tiger sitzen.
Aus dem Hut des Clowns wachsen Trauben,
aus seinem Hemd fliegen Tauben.
Er wird Geige spielen und singen
und euch alle zum Lachen bringen.   Max Bolliger

1. Wo können in dem Gedicht Anführungszeichen stehen? Schreibe das Gedicht mit den Anführungszeichen auf, und lerne es auswendig.
2. Welche beiden Zeilen wird Tim bei der Vorführung nicht mitaufsagen? Warum nicht?
3. Bilde Sätze in der Zukunft mit diesen Verben (Zeitwörtern): singen, lachen, spielen, tanzen, essen, trinken, sprechen, vorführen, aufsagen, werden (Achtung!):
Beim Schulfest werden wir singen. Über den Clown werden wir …

Schulfest

A Das Zirkusspiel

Wer tritt alles auf?

Auf Seite 76 und hier seht ihr und lest ihr, wer bei dem Zirkusspiel alles auftritt. Es fällt euch bestimmt nicht schwer, noch andere Tiere und Nummern zu erfinden.
Für das sechsbeinige Kamel sind drei Schüler nötig. Der vordere hat eine zu einem Kamelkopf geformte Tüte auf dem Kopf. Die beiden anderen bücken sich hinter ihm und haben Pappschachteln als Höcker auf den Rücken gebunden. Über alle kommt eine große bunte Decke.
Die Köpfe für den Drachen formen die Kinder aus großen Pappschachteln. Und woraus können sie die feuerroten Zungen anfertigen, die aus seinem Maul hängen?
Aus einem alten Mop oder einer alten Perücke basteln die Kinder eine prächtige Löwenmähne. Den Schwanz müssen sie mit Draht verstärken.

1. *Schreibt kurze „Verkleidungsanleitungen" für den Elefanten, den Akrobaten, den Riesen und den Clown auf.*
2. *Notiert, was Tiere und Personen im Zirkusspiel tun könnten.*
3. *Wie sollen die Nummern heißen? Erfindet Namen für das Programm.*

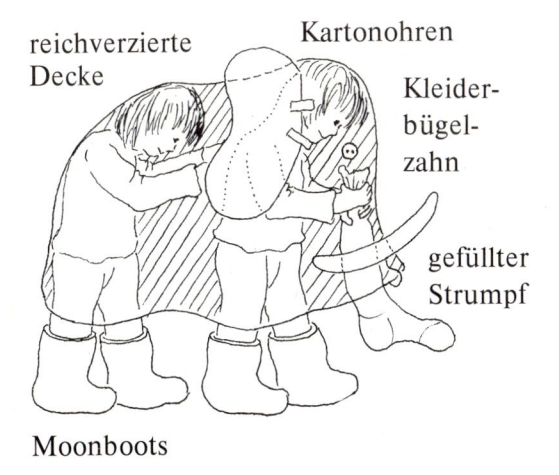

reichverzierte Decke
Kartonohren
Kleiderbügelzahn
gefüllter Strumpf
Moonboots

Schulfest

Das Zirkusspiel

Das merkwürdige Spiegelbild

Der Clown Feuerkopf bringt heulend ein großes Gestell in die Manege: „O weh, ich habe den Spiegel zerschlagen. Wenn der Herr Direktor das merkt, dann bin ich entlassen!" Er bricht verzweifelt die letzte Scherbe aus dem Rahmen und erzählt, wie das Unglück geschehen ist.

Da kommt aufgeregt der Zirkusdirektor herbei: „Nein, wie ich heute wieder aussehe! Und gleich beginnt die Vorstellung! Entsetzlich! Ich muß mich vor meinem Spiegel zurechtmachen! Feuerkopf, bring mir den großen Spiegel!"

DIREKTOR	FEUERKOPF
– betrachtet sich im Spiegel	– betrachtet sich im Spiegel
– streicht sich über die Haare	– streicht sich über die Haare
– setzt seinen Hut auf	– setzt seinen Hut erst ab und dann wieder auf
– wundert sich	– wundert sich auch
– schaut zum Publikum und zuckt mit den Achseln	– zeigt dabei dem Direktor eine lange Nase
– schaut sein Gesicht genauer an	– beginnt zu zittern
– zeigt dem Publikum, daß er den Trick durchschaut hat	– erstarrt
– geht drei Schritte zurück	– geht drei Schritte zurück
– schleicht sich zum Rahmen	– schleicht sich zum Rahmen
– steht einige Zeit ganz still	– steht einige Zeit ganz still
– faßt nach dem Spiegelbild	– läuft schreiend davon

1. Wie geht die Geschichte weiter? Erzähle mündlich, und benutze dazu die angegebenen Stichworte.
2. Du bist der Clown Feuerkopf, dein Nachbar soll den Direktor spielen.
3. Schreibe den Text in der Ich-Form und mit dem Namen deines Nachbarn als Direktor auf.
4. Wer und was könnte noch alles im Zirkusspiel der Klasse 4 a vorkommen?

Schulfest

Ein Theaterstück

Kirschkuchen
von Peter Charlot

Spieler: Gast, Kellner
Requisiten: Tisch und Stuhl, ein Teller mit Kuchen

Der Gast	*(kommt und nimmt an dem Tisch Platz)*
Der Kellner	*(kommt):* Der Herr wünschen?
Gast:	Eine Tasse Kaffee und ein Stück Kuchen!
Kellner:	Was für Kuchen wünschen der Herr?
Gast:	Was haben Sie denn?
Kellner:	Kranzkuchen – Pfannkuchen – Kirschkuchen – Pflaumenkuchen – Napfkuchen – Baumkuchen – Streuselkuchen – Mohnkuchen.
Gast:	Genug! – Genug! Bringen Sie ein Stück Kirschkuchen!
Kellner:	Bitte sehr! *(geht ab und kommt sofort mit einem Teller mit Kuchen wieder)* Bitte sehr, der Herr: Kirschkuchen! Der Kaffee kommt sofort – wird frisch gebrüht.
Gast:	Danke sehr! *(fängt an zu essen, schüttelt den Kopf, ißt wieder ein Stück, schüttelt den Kopf)* Herr Ober!
Kellner:	*(kommt):* Der Herr wünschen?
Gast:	Was ist das für Kuchen?
Kellner:	Kirschkuchen!
Gast:	Aha, Kirschkuchen! *(ißt weiter, schüttelt wieder den Kopf)* Herr Ober!
Kellner:	Bitte, mein Herr?
Gast:	Was ist das für Kuchen?
Kellner:	*(ungeduldig):* Aber ich sagte doch bereits: Kirschkuchen!!
Gast:	Kirschkuchen?
Kellner:	Kirschkuchen!!
Gast:	Aber da sind doch gar keine Kirschen drin!
Kellner:	Haben Sie schon mal Hundekuchen gesehen, in dem Hunde drin sind?

1. Schreibe das Stück mit Anführungszeichen auf. Ergänze dabei Wörter aus dem Wortfeld <u>sprechen.</u>
   Der Kellner fragt: „...
   Der Gast bestellt: „...
2. Denkt euch ein ähnliches Stück aus mit Sandkuchen, Steinpilzen, ...
3. Denkt euch ein anderes Stück für euer Schulfest aus: Ein Mädchen macht schwierige Hausaufgaben. Es wird andauernd durch andere gestört, die etwas wissen wollen.
   Oder: Vater kocht, alle wollen mitreden und würzen an dem Essen herum.
   Oder: Die Mutter fährt Auto. Der Vater redet andauernd dazwischen und gibt gute Ratschläge.

Schulfest
Die Planung

Vorschläge und Ideen

Kaffee, Kuchen, Limo, Würstchen, Zirkusspiel, Theaterstück, Waffeln, Tanzvorführung, Fußball, Völkerball, Ball über die Schnur, Torwandschießen, Sackhüpfen, Glücksrad, Flohmarkt, Tombola, Dosenwerfen, Zauberstücke, Montagsmaler, Schminkstube für Clowns, Tierwettlauf (je zwei Kinder in einem Tierkostüm), Malen, Töpfern, Schattentheater, Scharade, Preisrätsel, Nagelbrett, Zirkuskapelle, Jongleure, Der stärkste Mann der Welt, Zauberer Hikispikis, ...

1. Der Festausschuß der Tannenschule hat für das Schulfest in diesem Jahr das Motto <u>Zirkusmanege</u> ausgesucht. Welche Vorschläge und Ideen passen dazu?
2. Fallen dir noch mehr Vorschläge dazu ein?
3. Welches Motto wählt ihr für euer Schulfest?
4. Welche der Vorschläge und Ideen kannst du mit Oberbegriffen zusammenfassen? *Speisen: Kuchen, ...*
5. Stellt eigene Vorschläge für ein Schulfest zusammen.

Planung des Schulfestes

Der Festausschuß muß noch viele Fragen klären, bevor das Fest stattfinden kann:
Wer begrüßt die Gäste? Wen begrüßt man als ersten? Wer sorgt für die Getränke? Wer backt den Kuchen? Wer steht in der Würstchenbude? Wem vertraut man die Kasse an? Wer kocht Kaffee und Tee? Wen lädt man alles ein?
Von wem bekommt man Bänke und Tische? Wen läßt man Plakate malen und Einladungen schreiben? Wer baut Tische und Bänke auf?
Wer hilft beim Aufräumen? Welche Klasse betreut welchen Stand? Welche Spiele machen wir? Wann beginnt das Fest, wann ist Schluß? Was sollen Speisen und Getränke kosten? Was machen wir mit dem Gewinn? ...

1. Welche Fragen fallen euch noch ein?
2. Ordnet die Fragen: Welche fragen nach dem Subjekt? Welche fragen nach einer Wem-Ergänzung? Welche nach einer Wen/Was-Ergänzung? Unterstreiche jeweils mit verschiedenen Farben.

Schulfest
A — Die Einladung — 81

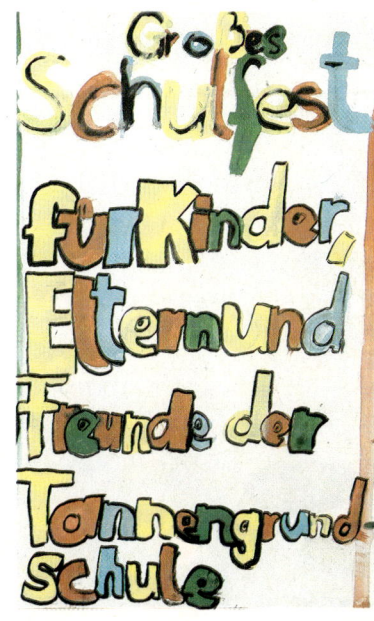

Diese beiden Plakate fanden die Mitglieder des Festausschusses der Tannenschule am schönsten. Leider sind beide nicht vollständig.

1. *Was fehlt auf dem ersten Plakat? Was fehlt auf dem anderen? Denke daran, auf welche Fragen ein Einladungsplakat Auskunft geben muß, damit jeder Bescheid weiß.*
2. *Entwerft Plakate für euer Schulfest. Macht eine Plakatausstellung.*

Das Plakat allein genügt nicht

An Elternabenden und im Festausschuß wird zwar ausführlich über das Schulfest gesprochen. Auch wird ein Plakat aufgehängt. Trotzdem wissen manche Eltern nicht genau über das Schulfest Bescheid. Deshalb ist es nötig, daß alle Eltern einen Brief mit einer Einladung erhalten.

1. *Jeder entwirft einen Brief. Denkt daran, welche Hinweise ein Brief enthalten muß.*
2. *Ihr könnt den Brief mit Bildern verzieren. Dazu benutzt ihr am besten Stempel.*

- Anrede
- Grußformel
- Anredefürwörter im Brief groß: Du, Dein, Sie, Ihre, ...
- Anschrift mit sieben Angaben
- Absender

Liebe Eltern der ......

Wir spielen
Tischtennis

Neue Spielregeln

1. Warum ändern die beiden Tischtennisspieler die Spielregeln?
2. Hast du auch schon mal verloren und dich darüber geärgert? Erzähle deine Geschichte in ganzen Sätzen, und schreibe sie auf.

Wir spielen
Zwei Spielanleitungen
A   83

Ballonwerfen

Tim und Tina haben sich für eine Geburtstagsfeier Spiele ausgedacht und aufgeschrieben. Hier ist eine der Spielanleitungen:
Auf ein großes Stück Pappe zeichnet ihr die Umrisse eurer Füße. Macht ein Loch hinein und zieht den Knoten eines Luftballons hindurch. Schreibt euren Namen auf die Füße. Dann werft ihr den Ballon, soweit ihr könnt.

1. Ist dir völlig klar, wie dieses Spiel gespielt wird? Schreibe Fragen auf, die du den beiden stellen möchtest.
2. Schreibe die Spielanleitung neu auf, und formuliere genauer.

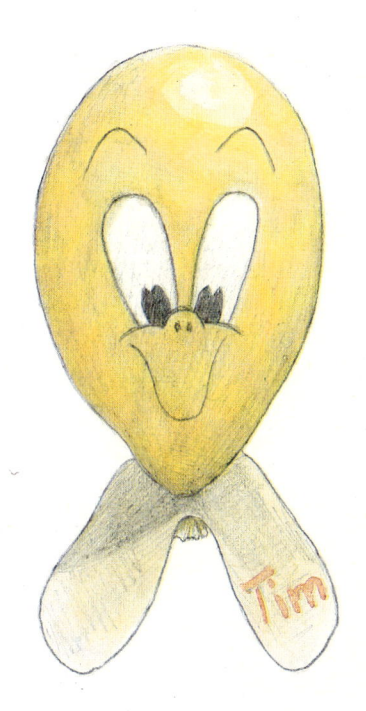

Watteflockenblasen

Beim Aufschreiben dieses Spiels hat sich Tina keine Mühe gegeben. Ihre Stichworte sind völlig ungeordnet. Wirst du daraus noch schlau?

Watteflockenblasen

- *Watteflocken auf Tischmitte legen*
- *Tore markieren, sind einander gegenüber*
- *vier Watteflocken, Klebestreifen, zwei leere Spülmittelflaschen*
- *Kommando*
- *Mitspieler hinter seinem Tor aufstellen*
- *zwei Mitspieler*
- *Tisch mit Klebestreifen in zwei Teile teilen*
- *die meisten Watteflocken im gegnerischen Tor: Sieger*
- *mit Hilfe der Spülmittelflaschen Watteflocken ins gegnerische Tor blasen*

1. Bringe die Stichworte in die richtige Reihenfolge.
2. Schreibe eine Spielanleitung.
3. Erfindet in Gruppen ein Spiel, und schreibt eine Anleitung dazu. Nach dieser Anleitung sollen die anderen dann spielen.

Schema einer Spielanleitung
1. Vorbereitung
   Anzahl der Mitspieler
   Spielmaterial
   Spielfeld
   Aufstellung
2. Spielverlauf
   Beginn
   Aufgabe der Mitspieler
   Ziel des Spiels
   Besonderheiten
3. Spielende oder Ergebnis
   Schluß
   ggf. Sieger

Wir spielen

84
Onkel Otto plätschert ...

A/G

Kennt ihr dieses Spiel?

| Wer oder was? | Macht was? | Wie? | Wo? |

Onkel Otto — *plätschert* — *fröhlich* — *in der Badewanne*

Es können vier Kinder mitspielen. Ihr benötigt für dieses Spiel einen Bogen Schreibpapier und einen Schreibstift. Auf die erste Linie des Papierbogens schreibt man die Fragen: *Wer oder was? Macht was? Wie? Wo?*
Nun schreibt der erste Mitspieler das Subjekt in der Einzahl in die erste Spalte unter die Frage: *Wer oder was?*
Anschließend faltet er die erste Spalte so nach hinten, daß die anderen Mitspieler sein Wort nicht lesen können, und gibt das Papier weiter.
Der zweite Mitspieler setzt das Prädikat (den Satzkern) in der Er-Form unter die Frage: *Was macht?*
Dann faltet er den Bogen und gibt ihn an den dritten Mitspieler weiter.
Dieser ergänzt, wie etwas getan wird, und der vierte Mitspieler trägt ein, wo etwas getan wird: die Ortsangabe. Zum Schluß wird der Bogen aufgefaltet und der entstandene Satz vorgelesen.
Einige der lustigen Sätze kann man auch spielen.

1. Schreibe alle sinnvollen und lustigen Sätze in dein Heft. Unterstreiche das Subjekt grün und das Prädikat (den Satzkern) rot.
2. Schreibe die Sätze als Fragesätze. Wo steht das Prädikat (der Satzkern)?

Wir spielen

Onkel Otto möchte ... plätschern

G — 85

Unvollständige Sätze

Ihr habt sicher bemerkt, daß bei diesem Schreibspiel nicht nur unsinnige Sätze entstehen können, sondern auch solche, die unvollständig sind.

An Tinas Geburtstag entstanden folgende „Sätze":

Klaus darf artig auf dem Stuhl
Das Auto kann ruhig im Zimmer
Der Elefant mag gern im Hof
Die Maus soll fröhlich im Keller

Diesen Sätzen fehlt jeweils ein Teil.

1. Vervollständige die Sätze, die in Tinas Schreibspiel entstanden sind. Schreibe sie in dein Heft, und unterstreiche die Prädikate (die Satzkerne) rot.
2. Schreibe weitere Sätze mit zweiteiligem Prädikat.
3. Schreibe Fragesätze auf. Wo stehen die Teile des Verbs (des Zeitwortes)?
4. Verwende die vorgegebenen Wörter. Vielleicht kannst du eine richtige Geschichte schreiben.

> Es gibt Verben (Zeitwörter), die im Satz nur einen Sinn ergeben, wenn man sie mit einem anderen Verb verbindet.

möchte feiern	muß gehen
will anrufen	darf bleiben
soll schlafen	hat erlaubt

5. Unterstreiche jeweils das Prädikat (den Satzkern) rot und das Subjekt grün.

Der Polizist will mitten auf der Straße planschen

Der Polizist ☐ mitten auf der Straße ☐ .
Die Giraffe ☐ im Personenwagen ☐ .
Der Geiger ☐ auf der Trompete ☐ .
Das Baby ☐ auf den Mond ☐ .
Die Lehrerin ☐ im großen Kochtopf ☐ .
Der Hund ☐ auf der Blockflöte ☐ .
Regina ☐ auf dem Sonnenstrahl ☐ .

Ergänze gut gewählte Prädikate (Satzkerne). Du sollst immer etwas Ungewöhnliches oder etwas Unmögliches ausdrücken.

86 Wir spielen
Völkerball
A/G

Beim Völkerballspiel

Speech bubbles:
- Hoffentlich gewinnen wir
- Kannst du nicht fangen
- Wirf den Ball her
- Jetzt habe ich den Ball schon wieder verpaßt
- Der Ball hatte schon den Boden berührt
- Gib endlich ab
- Spinnst du

Bei diesem Völkerballspiel rufen sich einige Kinder etwas zu, andere sprechen mehr mit sich selbst.

1. Schreibe die Sätze aus den Sprechblasen nach Satzarten geordnet ab, und denke an die Satzschlußzeichen.
   Aussagesätze (3): ...
   Fragesätze (2): ...
   Aufforderungssätze (2): ...

   .
   ?
   !

2. Erzähle, was auf dem Bild passiert. Du kannst den einzelnen Spielern Namen geben. Benutze auch die wörtliche Rede. Bemühe dich, so lebendig wie möglich zu erzählen. Wodurch erreichst du das?
3. Wie könnte das Spiel weitergehen?
4. Schreibe mit diesen Stichworten weitere Aussage-, Frage- und Aufforderungssätze: *getroffen, Hintermann, fallen lassen, zielen, hetzen, gefangen, Rücken.*

Wir spielen
Sprachspiele

R _____ 87

Hier kannst du reimen

Abends schleicht auf leiser Tatze
zu dem Kirschbaum Nachbars ...
Klettert flink hinauf bis fast
auf den allerhöchsten ...
Denn bekanntlich fressen Katzen
außer Mäusen auch gern ...
Vater Spatz piepst laut im Dustern
und beginnt sich aufzu...
Augen glühen, Krallen wetzen,
Vater Spatz hört's mit ...
Doch die Spätzin (woll'n wir wetten?)
wird schon ihre Kinder ...
Kämpft so lange um ihr ...,
bis die Katz den Baum verläßt.

Mira Lobe

Wörterliste: petzen, Latz, Latz, Katze, Spatzen, Entsetzen, Fest, Ast, Nest, plustern, verletzen, retten, Betten, hetzen, setzen

1. Welche Wörter in der Wörterliste gehören zu dem Gedicht?
2. Schreibe den Text vollständig auf.
3. In diesem Gedicht kommt häufig die Buchstabenverbindung **tz** vor. Schreibe die Wörter mit **tz** auf: Tatze, ...
4. Suche nun die Wörter mit **st** heraus, und schreibe sie auf: fast, ...
5. Schreibe die mehrsilbigen Wörter nach Silben getrennt auf. Denke an die Regeln. lei-ser, Tat-ze, ...

> Trenne nie das **s** vom **t**,
> denn es tut den beiden weh!
> ...-höch-sten, ...

Leider war das L unausgeschlafen

Leider war das L unausgeschlafen und zerstreut. Es setzte sich immer auf den falschen Platz in der Schulklasse. Der Lehrer sagte: „Du lachst die Schumaufgabeln zur Slafe doppert." Da kachten die Schüner, knarrten die Tür zu und riefen ganz schlenn nach Lause.

Anton Krilla

1. Weck das **L** auf, und setze es auf den richtigen Platz.
2. Versuche selbst einen solchen Text zu schreiben.

Rechtschreibkurs
Alphabet; nachschlagen

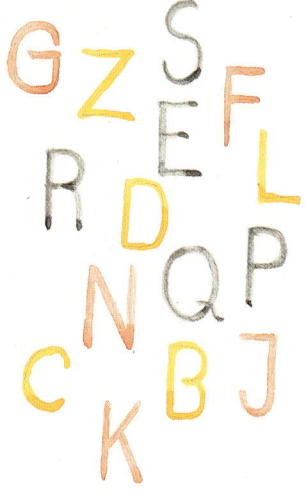

Streitereien

Es waren fünfzehn Großbuchstaben,
die wollten keinen Spiegel haben.

„Im Spiegel sind wir umgedreht –
ihr seht doch selbst, daß das nicht geht!
Wir alle, die dazugehören,
verlangen durch die Unterschrift,
die Spiegel sämtlich zu zerstören.
Das J, das K, das L, das B,
das N, das Q, das R, das E,
das Z, das S sowie das P,
das C, das F, das D, das G."

Dagegen sprach das Ypsilon:
„Ich spreche hier für elf Kollegen.
Wir andren merken nichts davon,
und deshalb stimmen wir dagegen.
Das A, das H, das I, das T,
das O, das U, das V, das W,
das M und ganz zum Schluß das X –
wir wolln uns gern im Spiegel sehn,
wir sind von beiden Seiten schön!"

Hans G. Lenzen

1. Überprüfe die Buchstaben im Gedicht mit einem Spiegel.
2. In diesem Gedicht sind die Buchstaben des Alphabets enthalten, allerdings in der falschen Reihenfolge. Schreibe sie richtig auf.
3. Suche im Wörterbuch folgende Stichwörter: Jeans, Blitz, Hexe, Bagger, Mütze, extra, jetzt, Kran, Taxi, Radio, Liter, Creme, Fabrik, nie, Quark, Sekunde, Vase, wechseln, Xylophon, Urlaub. Notiere, auf welcher Seite und in welcher Spalte du die Wörter gefunden hast.

Ein Alphabet-Spiel

An diesem Spiel kann die ganze Klasse teilnehmen. Ihr könnt es aber auch in Gruppen oder nur zu zweit spielen.
Der erste von euch sagt ein Namenwort (Nomen) mit **A** am Anfang: **A**pfel; der nächste sagt ein Namenwort mit **B** am Anfang: **B**oot usw. bis zum Ende des Alphabets.
Ihr könnt auch mit Zeitwörtern (Verben) oder Eigenschaftswörtern (Adjektiven) spielen.

Xylophon
Ypsilon

Das Wörterheft

Bastelanleitung für ein Wörterheft

Kaufe dir ein DIN A 5-Doppelheft mit großen Karos ohne Rand. Die Größe heißt Nr. 7.

1. Seite des Heftes:
Du zählst am rechten Rand von oben 3 Karos ab. Kennzeichne die Stelle mit einem Bleistiftstrich. Dann zählst du an dieser Stelle 2 Karos nach innen ab. Kennzeichne auch diese Stelle. Nun schneidest du vom ersten Bleistiftstrich zum zweiten das Papier ein. Danach schneidest du von dort aus bis zum unteren Rand das Papier weg.

2. Seite des Heftes:
Dasselbe machst du hier nach 4 Karos von oben.

3. Seite des Heftes:
Hier schneidest du nach 5 Karos von oben ein, auf der vierten Seite nach 6 usw. Auf der 26. Seite brauchst du nicht mehr einzuschneiden. Du hast nun für jeden Buchstaben des Alphabets ein Blatt; auf dem ersten trägst du A, a, auf dem zweiten B, b usw. ein.

1. In dein Wörterheft trägst du die Merkwörter ein.
2. Mit den Merkwörtern übst du:
   - du ordnest sie nach Wortarten: Zeitwörter, Namenwörter, Eigenschaftswörter, andere Wörter;
   - du schreibst die Namenwörter mit dem Begleiter auf;
   - du schreibst die Namenwörter in der Einzahl und in der Mehrzahl auf (*das Haus – die Häuser*);
   - die Zeitwörter schreibst du in der Grundform, in der Ich-Form, in der Du-Form und in der Er-Form auf (*gehen – ich gehe – du gehst – er geht*);
   - schreibe die Zeitwörter in der Gegenwart und in der Vergangenheit auf (*ich gehe – ich ging*);
   - schreibe passende Zeitwörter mit vorangestellten Wortbausteinen auf (*ablaufen – anlaufen – auslaufen – einlaufen – hinlaufen – herlaufen – nachlaufen – verlaufen – vorlaufen – zerlaufen, ...*);
   - steigere die Eigenschaftswörter (*groß – größer – am größten*).
3. Überlegt euch, wie ihr die Merkwörter noch üben könnt.

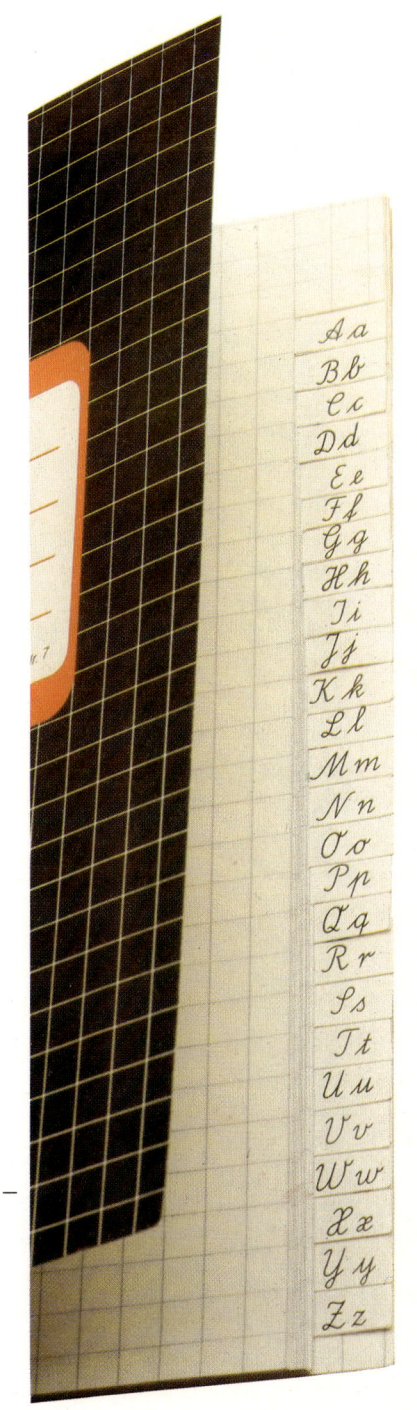

Rechtschreibkurs zu S. 4–9

nachschlagen; Selbstlaut, Umlaut

Das wißt ihr schon:
Im Wörterbuch sind die Wörter nach dem Alphabet geordnet.
<u>A</u>uto
<u>B</u>us

Sind die ersten Buchstaben gleich, so entscheidet immer der nächste über die Reihenfolge.
B<u>a</u>hn
B<u>a</u>llon
B<u>u</u>s
Motorr<u>a</u>d
Motorr<u>o</u>ller

Die Selbstlaute a, e, i, o, u und die Umlaute ä, ö, ü werden <u>lang</u> oder <u>kurz</u> gesprochen.

Was kommt zuerst?

Fahrrad, Bus, Auto, Motorrad, Straßenbahn, Zug, Tanker, Lastwagen, Dreirad, Kutsche, Postwagen, Roller

1. Ordne diese Wörter nach dem Alphabet.
2. Mit welchem Begriff kann man die Wörter zusammenfassen?

Ordnen nach dem zweiten, dritten, … Buchstaben

Ampel, Bahn, Auto, Bus, bremsen, Lenker, fahren, Lampe, Rückstrahler, Schlußleuchte, Scheinwerfer, Glocke, Speichenstrahler, Radfahrer, einwandfrei, Person, Glocke, Tretstrahler, Verkehrsregeln, Lenkstange, Pedal, Gegenstand, Radweg, Rücktritt, Motorrad, Ballon, Flugzeug, Rad

1. Ordne die Wörter nach dem Alphabet.
2. Trage sie in dein Wörterheft ein.

Das Schutzblech

Ein Junge fährt Rad. Sein Schutzblech klappert. Ein Mädchen ruft ihm zu: „Dein Schutzblech klappert!" Der Junge antwortet: „Was ist los? Ich kann nichts verstehen, mein Schutzblech klappert."

1. Wir unterscheiden lange und kurze Selbstlaute/Umlaute. So üben wir:
   Jemand liest die Wörter laut vor. Die anderen passen genau auf. Wer einen kurzen Selbstlaut/Umlaut hört, schlägt die Hand von oben nach unten: <u>Schutzblech</u>. Wer einen langen Selbstlaut/Umlaut hört, macht eine Handbewegung von links nach rechts: <u>fährt</u>.
2. Trage Wörter aus dem Text „Das Schutzblech" in solch eine Tabelle ein:

langer Selbstlaut/Umlaut	kurzer Selbstlaut/Umlaut

3. Kennzeichne die langen Selbstlaute und Umlaute mit einem Strich: fährt, … Die kurzen kennzeichnest du mit einem Punkt: Schutzblech, Junge, …
4. Suche noch mehr Wörter auf dieser Seite für die Tabelle.

Rechtschreibkurs zu S. 4–9

R   Diktat; langer Selbstlaut, Umlaut; Zusammensetzung   91

Auf der Straße

Vor einer Woche haben meine Eltern mir ein Fahrrad gekauft. Ich kann schon damit fahren. Mein Rad hat eine einwandfreie Bereifung, eine Handbremse, eine Rücktrittbremse, einen Scheinwerfer, eine Schlußleuchte, Rückstrahler, Tretstrahler, eine Glocke und Speichenstrahler.
Ein Radfahrer muß die Verkehrsregeln auf der Straße und auf dem Radweg beachten. Es ist verboten, jemanden auf dem Fahrrad mitzunehmen. Gegenstände dürfen Radfahrer nur mitnehmen, wenn sie andere Personen damit nicht gefährden. Die Hände gehören an die Lenkstange, die Füße auf die Pedale. Bei Dunkelheit müssen Scheinwerfer und Rückstrahler leuchten.

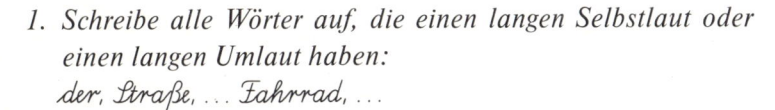

1. Schreibe alle Wörter auf, die einen langen Selbstlaut oder einen langen Umlaut haben:
   der, Straße, ... Fahrrad, ...
2. Ordne die Wörter in solch eine Tabelle ein:
   langer Selbstlaut oder Umlaut

Selbstlaut/Umlaut allein	doppelter Selbstlaut	mit h	mit ie
der, Straße, haben, mir, ...		*Fahrrad*	*die*

3. Diktiert euch den Text gegenseitig.
4. Ergänze deine Tabelle durch passende Wörter:
   Paar, Boot, leer, brennen, gefährlich, ungefähr, brummen, Fahrer, Gefahr, fuhr, bremsen, hier, viel, Schiene, Brille.
   Welche vier Wörter gehören nicht in die Tabelle?

Womit fährt der Fahrer?

1. Setze die Wörter aus dem Wortstern zusammen.
2. Womit fährt der Fahrer?
   Ein Radfahrer fährt mit dem Rad.
   Ein Busfahrer fährt ...
3. Viele Wörter mit „fahr": mitfahren, hinfahren, Fahrrad, Fahrer, Radfahrer, auffahren, zurückfahren, Fahrlehrer, Fahrschule, Fahrverbot, Rückfahrt, anfahren, abfahren.
   Schreibe die Namenwörter (Nomen) in dein Heft.

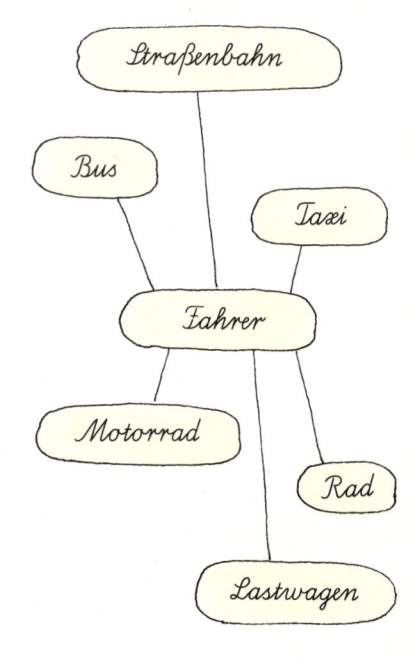

Rechtschreibkurs zu S. 10–15

Diktat; Wortfamilie; a/ä; au/äu; Selbstlaut, Umlaut

Der schlaue Bauer

Ein Bauer wollte einen Kohlkopf, eine Ziege und einen Wolf über einen Fluß bringen. Sein Boot war aber so klein, daß er entweder nur den Kohl oder nur die Ziege oder nur den Wolf hinüberfahren konnte. Der Bauer dachte nach und sagte dann zu sich: „Wenn ich zuerst den Wolf hinüberbringe, dann frißt die Ziege den Kohl. Fahre ich den Kohl zuerst, wird die Ziege vom Wolf gefressen. Was soll ich tun?" Etwas später fiel es ihm zum Glück ein.

1. Wie hilft sich der Bauer? Überlege, und schreibe dann die Lösung in Sätzen auf.
2. Schreibe alle Wörter aus dem Text „Der schlaue Bauer" mit langem Selbstlaut/Umlaut auf. Kennzeichne den langen Selbstlaut/Umlaut durch einen Strich: Der Kohlkopf, ...
3. Schreibe nun alle Wörter mit kurzem Selbstlaut/Umlaut auf. Sie erhalten einen Punkt: wollte, Kohlkopf, ...
4. Partnerdiktat.

Was gehört zusammen?

Bauer, flach, Frau, nähen, einzäunen, Raum, Gefahr, Haus, Bäuerin, Fläche, Naht, Zaun, bauen, aufräumen, Gebäude, Fräulein, gefährden, Häuser, warm, fahren, backen, erklären, gefährlich, Ruhe, hausen, Wärme, Bäcker, klar, häuslich, wärmen, Gebäck, feiern, glücklich, vorsehen, schmerzen, glücken, ruhig, Ehre, lieben, Angst, vorsichtig, ruhen, lieb, ehren, Liebe, ängstlich, Schmerz, Feier, Vorsicht, jubeln, Glück, schmerzlich, ehrlich

1. Schreibe die verwandten Wörter auf:
   Bauer – Bäuerin – bauen – Gebäude, ...
2. Rahme die Wortstämme ein: (Bauer) – (Bäuer)in – (bauen) – ...
   Was wird aus **au**? Was wird aus **a**?
3. Welche der Namenwörter (Nomen) nennen Dinge, die wir denken oder fühlen?
4. Nenne noch mehr solche Namenwörter (Nomen).

Namenwörter (Nomen) nennen auch Dinge, die man denkt oder fühlt: Glück, Ruhe, ...

Rechtschreibkurs zu S. 10–15

Wortbausteine; Zusammensetzung; Satzzeichen

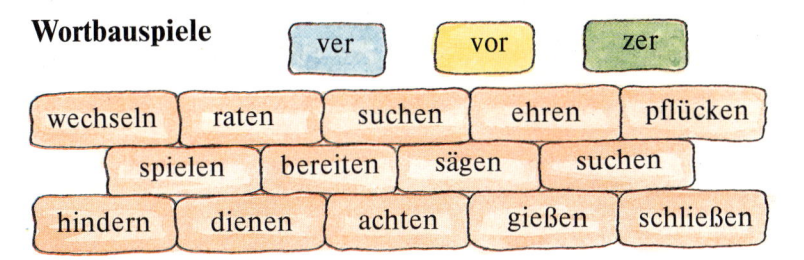

Wortbauspiele

ver | vor | zer

wechseln | raten | suchen | ehren | pflücken
spielen | bereiten | sägen | suchen
hindern | dienen | achten | gießen | schließen

1. Setze Zeitwörter (Verben) zusammen, die du kennst.
2. Schreibe Sätze mit den Zeitwörtern (Verben) auf.
3. Bilde Unsinnwörter:
4. Suche Namenwörter (Nomen) mit Ver, Vor oder Zer, und schreibe sie auf.
5. Setze die Wortbausteine vom Rand zusammen. Welches der gebildeten Wörter ist kein Zeitwort (Verb)?

legen: zurück, an, zusammen, nach, ab, hin, ein, aus, weg, ent

Viele verschiedene Häuser

HAUS ← Forst, Holz, Schnecken, Gast, Puppen, Garten

Das gehört zum Haus

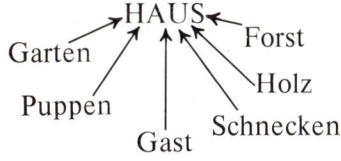

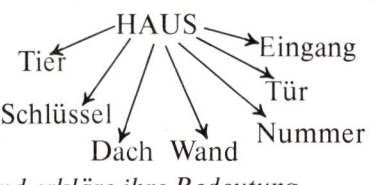

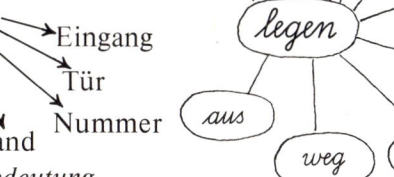

HAUS → Eingang, Tür, Nummer, Wand, Dach, Schlüssel, Tier

1. Setze die Wörter zusammen, und erkläre ihre Bedeutung.
2. Kennst du noch mehr Wörter mit Haus?
3. Schreibe: *das Forsthaus – die Forsthäuser, …*
   das Haustier – die …

Ein Satzbauspiel

Satzkerne (Prädikate): spiele, schreibe, fahre, spielst, schreibst, fährst, spielt, schreibt, fährt, spielen, schreiben, fahren

Subjekte: du, er, wir, ich, ihr, sie, die Frau, die Maus, Tim und Tina

Wen/Was-Ergänzungen: Fahrrad, Schach, Ball, die Sätze, einen Brief

1. Schreibe Sätze auf: *Ich spiele Schach. Du …*
2. Du kannst auch Fragesätze bilden: *Spielst du Schach?*
3. Denke dir noch mehr Subjekte, Satzkerne (Prädikate) und Wen/Was-Ergänzungen für das Satzbauspiel aus.

Satzglieder kann man **umstellen:**
Ich spiele Ball.
Spiele ich Ball?

Rechtschreibkurs zu S. 16–21

Wortbausteine; Groß- und Kleinschreibung

Falsch zusammengesetzt!

Fahrt lieber mit der Bundesbahn,
fantastisch wirkender Insektenschutz!

Die neuen Bonbons von Maier,
dort fährt man immer wieder hin!

Ein Urlaub im malerischen Wien,
und ihr kommt sicher am Ziel an!

Glücklich wie noch nie
sind süß wie Schokoladeneier!

Kaufen Sie kernlose Apfelsinen
mit einem Gewinn bei Müllers Lotterie!

Sokal muß her, und keine Mücke mag Sie mehr –
in Düsseldorf bei Apfelsinen-Lienen!

Mit den Wortbausteinen
isch, los und sam
kann man Eigenschaftswörter (Adjektive) bilden. Adjektive werden klein geschrieben.

1. Bei diesen Werbesprüchen passen die erste und die zweite Zeile nicht zusammen. Ordne richtig.
2. Suche die Eigenschaftswörter (Adjektive) mit den Wortbausteinen isch, los und sam heraus.
3. Setze aus den Wortbausteinen isch, los, sam und aus diesen Wörtern Eigenschaftswörter (Adjektive) zusammen: Rat, Herz, Glück, folgen, sparen, biegen, schweigen, wachen, heilen, regnen, erfinden, spielen, Ausland, Narr.
4. Schreibt selbst vertauschte Werbesprüche auf.

Aus Eis und kalt wird eiskalt

Aus Namenwörtern (Nomen) und Eigenschaftswörtern (Adjektiven) kannst du Eigenschaftswörter zusammensetzen: Aus *Eis* und *kalt* wird *eiskalt*.

1. Welche Eigenschaftswörter (Adjektive) kannst du zu diesen Namenwörtern setzen: Blitz, Stein, Wunder, Blut, Kinder? Schreibe die zusammengesetzten Eigenschaftswörter auf.
2. Welche Namenwörter (Nomen) brauchst du, um sie mit diesen Eigenschaftswörtern (Adjektiven) zusammenzusetzen: scharf, stark, süß, weiß, schwarz, gesund, leicht, schwer? Denke daran: Eigenschaftswörter werden klein geschrieben.

Rechtschreibkurs zu S. 16–21
Diktat; Groß- und Kleinschreibung

Der Wurstdieb

Endlich war Christian mit dem Einkaufen fertig. In seinem Korb lagen Brötchen, Äpfel, eine Flasche Limonade und Haselnüsse. Dazwischen steckte die Tüte mit Wurst für das Abendbrot. Am Sportplatz stellte Christian seinen Korb ab und schaute beim Fußballspiel zu. Er sah nicht, wie ein Dackel ankam, schnupperte und die Wursttüte hervorzog. Der Hund packte sie mit den Zähnen und rannte schnell davon. Christian blieb noch kurze Zeit, nahm dann seinen Korb und ging weiter. Als er zu Hause ankam, packte er aus. Er glaubt immer noch, daß ihm die Wursttüte aus dem Korb gefallen ist.

1. Wie schmecken die Sachen wohl, die Christian eingekauft hat? Wie sahen sie aus? Wie dufteten sie?
   Schreibe den Text ab, und ergänze dabei passende Eigenschaftswörter (Adjektive).
2. Schlage die Eigenschaftswörter im Wörterbuch nach. Prüfe, ob du sie richtig geschrieben hast.
3. Diktiere deinem Nachbarn deinen Text. Dann diktiert er dir.

Auf dem Markt

Auf dem Markt gibt es Bohnen, Brot, Tomaten, Trauben, Spinat, Gurken, Hähnchen, Birnen, Äpfel, Rosen, Nelken, Gänse, Brötchen

1. Wie sollen diese Dinge sein? *Die Bohnen sind ganz frisch, jung, zart und fadenlos.* Erzähle und schreibe dann auf.
2. Wie dürfen die angebotenen Dinge nicht sein? *Tomaten dürfen nicht grün, unreif, faul, fleckig, verdorben und teuer sein.* Schreibe weitere Sätze auf.
3. Welche Oberbegriffe gibt es für die Dinge auf dem Markt? *Brot und Brötchen sind Backwaren. Tomaten, ...*
4. Zusammengesetzte Eigenschaftswörter (Adjektive) sind oft anschaulicher:
   Vor einer Woche waren die Birnen noch ___ hart und ___ grün. Jetzt sind sie ___ gelb und ___ weich. Die Melonen dort schmecken ___ süß. Die Tomaten sind ___ rot. Haben Sie schon einmal so ___ große Kohlköpfe gesehen? Und meine Blumen sind ___ frisch.

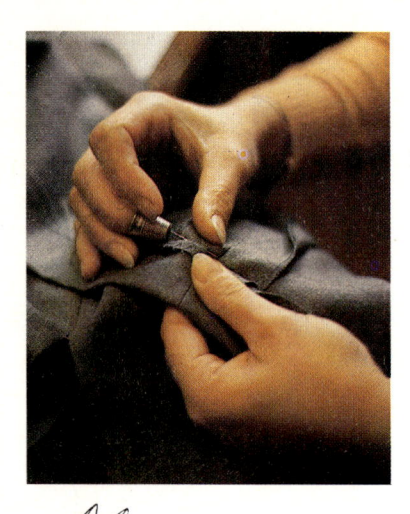

Rechtschreibkurs zu S. 22-27
Diktat; langer Selbstlaut/Umlaut

Merke dir, und schreibe so:
zieht – zog,
sieht – sah,
flieht – floh.

Grundform: *ziehen, ...*
Gegenwart: *ich ziehe, ...*
Vergangenheit: *ich zog, ...*

Diktat
Vor zweihundert Jahren waren Stecknadeln noch sehr teuer. Ein Nadelmacher mußte den Draht ziehen, zurechtschneiden, zuspitzen, den Kopf fertigen und ansetzen, die Nadel im Feuer glühen und im Wasser abkühlen, polieren und schließlich einpacken. An einem Tag konnte er zwanzig Nadeln herstellen.
Da hatte jemand den Gedanken, von einem Arbeiter nur noch eine oder zwei Teilarbeiten verrichten zu lassen. Der eine schnitt den Draht zurecht. Der andere feilte die Spitze und so weiter.
So entstand eine kleine Fabrik mit zehn Arbeitern. Sie stellten am Tag nicht zweihundert, sondern einige tausend Nadeln her.

1. Schreibe die Geschichte ab, und suche eine passende Überschrift.
2. Unterstreiche die langen Selbstlaute in der Geschichte.
3. Schreibe Zeitwörter (Verben) in der Grundform und in der Vergangenheit auf:
   ziehen – er zog, zurechtschneiden – er schnitt zurecht, ...
4. Diktiert euch den Text gegenseitig.

Wörter mit h

	ziehen	stehlen	sehen	verzeihen
ich	ziehe			
du		stiehlst		
er, sie, es			sieht	
wir				
ihr				
sie				
ich	zog			
du		stahlst		
er, sie, es				verzieh
wir				
ihr				
sie				

Übertrage die Tabelle in dein Heft, und fülle sie aus.

Großschreibung; Wortfeld; Wortfamilie

```
Q S C H R A U B E N Z I E H E R X Z A B C
P C W A S S E R W A A G E O S T U V W X Y
T H X S H A M M E R N O P B E I L Q R S T
V E Ö Ä L Z C E H I G Q R E K Y L M N O P
V R Ü G K A D F J L E S T L P I N S E L F
A E F E I L E Y B E G K M N U V O X P Z B
```

Findest du die zehn Werkzeuge? Schreibe sie mit dem bestimmten Begleiter (Artikel) auf.

Ist das richtig?

Der Maler streicht die Wand mit einer Schere.
Der Schreiner sägt das Holz mit einer Wasserwaage.
Der Tischler hobelt die Holzlatte mit einer Zange glatt.
Mit dem Hammer dreht man eine Schraube heraus.
Der Maurer mißt mit einer Säge, ob die Wände gerade sind.
Tapeten schneidet man mit einem Schraubenzieher.
Mit dem Pinsel klopft man einen Nagel in das Holz.
Mit einem Hobel zieht man den Nagel wieder heraus.
Mit einem Beil feilt man Metallspäne ab.
Mit einer Feile zerschlägt man Holz.

Wie heißen die Sätze richtig? Schreibe sie auf.

Arbeiten

Bis vor zwei Jahren hatte unser Nachbar eine eigene Schuhmacherwerkstatt. Seither ... er in einer Schuhfabrik. Er hat sich dort gut ... und ist als Meister für die Ausbildung zuständig. Er hat eine feste ..., und sein ... ist nicht so lang wie früher.

1. Welche Wörter passen in die Lücken: Vorarbeiter, arbeiten, ausarbeiten, einarbeiten, Arbeitszeit, Arbeitslohn, Arbeitstag, arbeitsam, arbeitslos, Facharbeiter, Arbeitszimmer?
2. Suche noch andere Namenwörter (Nomen), die mit dem Wort <u>Arbeit</u> zusammengesetzt sind. Ordne alle Namenwörter, auch die aus Aufgabe 1, so: <u>Arbeits</u>tag | Hand<u>arbeit</u>
   ... | ...
3. Sammle möglichst viele Zeitwörter (Verben) und Eigenschaftswörter (Adjektive), die zur Wortfamilie „arbeiten" gehören.

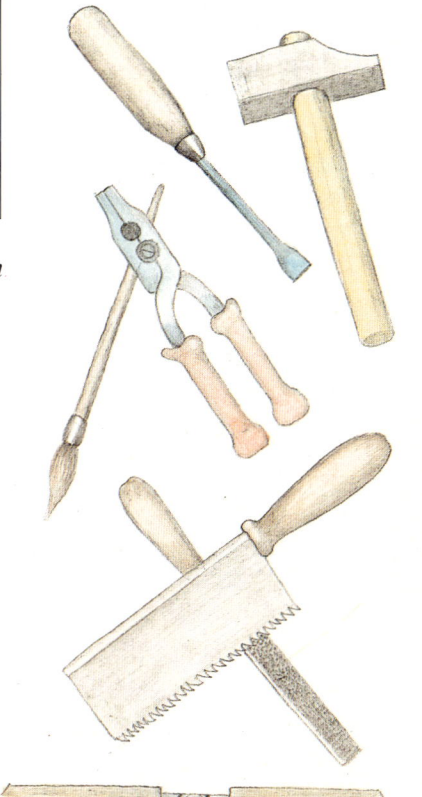

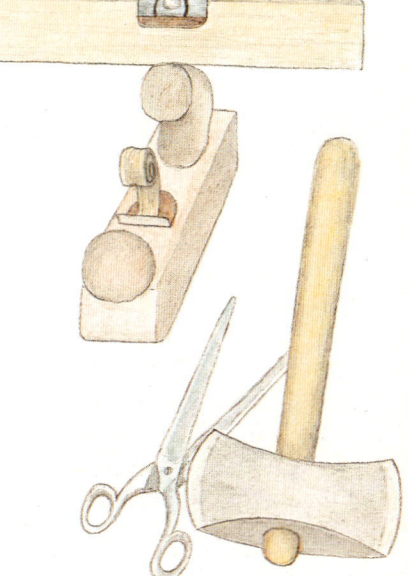

Rechtschreibkurs zu S. 22–27

98 Wortbausteine; Zusammensetzung R

Mit dem nachgestellten Wortbaustein |nis| kann man Namenwörter (Nomen) bilden. Achtung: In der Mehrzahl heißt der Baustein |nisse|.

Arbeit in der Schule

Frau Klein sagt zu Tim: „Deine beiden Ergebnisse sind falsch." Tina hat ein richtiges Ergebnis. „Auf dem Sportplatz findet heute ein Hindernislauf statt. Wir müssen noch acht (Hindernis) aufstellen", kündigt Herr Kuhnert an.
„Mein Zeugnis ist ganz gut ausgefallen. Hattest du auch immer gute (Zeugnis)?" fragt Stefan seinen Vater. „Soll ich dir ein (Geheimnis) anvertrauen? Ich bin sogar einmal sitzengeblieben", antwortet dieser. „Zur Belohnung für deine guten Noten schenke ich dir das Buch ‚Meine (Erlebnis) mit Tieren'. Ich glaube, es wird dir gefallen."

1. Schreibe die Sätze richtig auf. Unterstreiche die Wortbausteine |nis| und |nisse|.
2. Schreibe nebeneinander: *das Ergebnis – die Ergebnisse, …*

Einkaufen ist auch Arbeit

Blaukraut, Rotkraut, Sauerkohl, Sauerkraut, Süßstoff, Weißbrot, Sauermilch, Grünkohl, Altpapier
Brennholz, Bratpfanne, Malkasten, Bohnermaschine, Klebstoff, Wischtuch, Bratfisch, Backpulver, Putzlappen

1. Welche Eigenschaftswörter (Adjektive) und welche Zeitwörter (Verben) stecken in den zusammengesetzten Namenwörtern (Nomen) oben? Lege eine Tabelle an:

Eigenschaftswort und Namenwort	Zeitwort und Namenwort
blau Kraut	*brennen Holz*

Verschiedene Berufe

Apotheker, Kinderarzt, Verkäufer, Zeichner, Pfarrer, Architekt, Automechaniker, Lehrer, Krankenpfleger, Kraftfahrer, Tänzer, Koch, Fotograf, Sänger, Schauspieler, Gärtner, Bäcker, Musiker, Bauarbeiter, Bademeister

Der nachgestellte Wortbaustein |in| bezeichnet weibliche Personen: *der Arzt – die Ärztin.* In der Mehrzahl wird aus |in| |innen|: *die Ärztin – die Ärztinnen.*

1. Ordne die Berufsnamen nach dem Alphabet.
2. Schlage im Lexikon nach, und schreibe Stichworte zu den Berufen auf.
3. Wie heißen Frauen, die diese Berufe ausüben?
   die Apothekerin – die Apothekerinnen, …

Rechtschreibkurs zu S. 22–27

Satzzeichen; ck; tz

R 99

Vater und Sohn bei der Arbeit

Gib mir bitte einen Nagel – Wo ist einer – Schau in der Dose dort nach – Welchen – Den da – Danke – Au – Schnell ein Pflaster – Wo – Frag nicht so lang – Geh zu deiner Mutter – Ich lauf' ja schon – So ein Pech

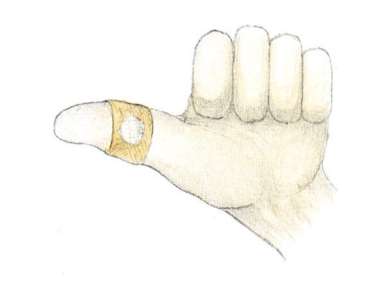

1. Das sprechen Vater und Sohn. Wer aber sagt was? Und was tun beide? Versuche so zu ergänzen:

Wer spricht?	Was spricht er?	Was tut er?
Herr Wagner	Gib mir bitte einen Nagel!	Er will ein Bild aufhängen. Steht auf einer Leiter, um einen Nagel einzuschlagen. Stefan schaut ihm zu.
Stefan	...	...

2. Spielt die kleine Szene, und nehmt sie als Hörspiel auf. Bedenkt zuvor, daß ihr das Gespräch ergänzen müßt, damit sich der Hörer genau auskennt! Zum Beispiel:
   Herr Wagner: Gib mir bitte einen Nagel, Stefan! Ich will das Bild hier aufhängen.
   Stefan: ...   Schreibe das Hörspiel auf.
3. Unterstreiche in deinem Hörspiel die Aufforderungssätze blau und die Fragesätze rot, das kann dir bei der richtigen Betonung helfen.

Wörter mit ck und tz

Katze, Glück, sitzen, Acker, backen, Rücken, trocken, kratzen, trocken, Pfütze, blicken, putzen, setzen, Decke, Spitze, verletzen, Hitze, drücken, kratzen, Stück, Zucker, Ecke, plötzlich, schwitzen, trotzdem, Jacke, Lücke, packen, schmecken, Mütze

1. Ordne die Wörter in solch eine Tabelle ein:

ck	tz
Acker	Hitze

2. Welche der Wörter mit **tz** und **ck** passen in folgende Lücken? Bei der Arbeit wurde es ihm heiß, er begann zu .... Herr Meier stürzte von der Leiter und fiel auf den .... Er hatte großes ..., daß er sich dabei nicht ....
3. Bilde selbst Lückensätze, in denen **ck**- und **tz**-Wörter zu ergänzen sind. Dein Nachbar rät und schreibt die Sätze auf.

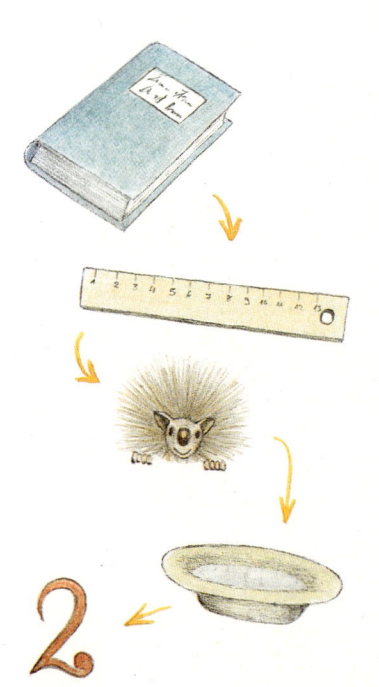

Welches Wort ergeben die Anfangsbuchstaben?

Rechtschreibkurs zu S. 28–33
kurzer Selbstlaut/Umlaut; au; eu

Das Feuer

Hörst du, wie die Flammen flüstern,
knicken, knacken, krachen, knistern,
wie das Feuer rauscht und saust,
brodelt, brutzelt, brennt und braust?

Siehst du, wie die Flammen lecken,
züngeln und die Zunge blecken,
wie das Feuer tanzt und zuckt,
trockne Hölzer schlingt und schluckt?

Riechst du, wie die Flammen rauchen,
brenzlig, brutzlig, brandig schmauchen,
wie das Feuer, rot und schwarz,
duftet, schmeckt nach Pech und Harz?

Fühlst du, wie die Flammen schwärmen,
Glut aushauchen, wohlig wärmen,
wie das Feuer, flackrig-wild,
dich in warme Wellen hüllt?

Hörst du, wie es leiser knackt?
Siehst du, wie es matter flakt?
Riechst du, wie der Rauch verzieht?
Fühlst du, wie die Wärme flieht?

Kleiner wird der Feuerbraus:
Ein letztes Knistern,
ein feines Flüstern,
ein schwaches Züngeln,
ein dünnes Ringeln –
Aus.

James Krüss

1. Du kannst auf die ersten fünf Strophen Antwort geben:
   Ich höre, wie die Flammen flüstern, ...
   Welche Zeichen mußt du verändern?
2. Suche alle Wörter heraus, die nach einem kurzen Selbstlaut oder Umlaut doppelte Mitlaute haben.
   Rahme die doppelten Mitlaute ein: *Fla(mm)en, ...*
3. Suche alle Wörter heraus, die nach einem kurzen Selbstlaut oder Umlaut mehrere verschiedene Mitlaute haben:
   flü(st)ern, kni(ck)en, ...

Wörter mit au und Wörter mit eu

Feuer, Baum, neu, Haus, heute, feucht, Zaun, leuchten, Leute, teuer, Freund, blau, heulen, Fahrzeug, Kreuzung, Traum, Schlauch, Schaum, Rauch, neun, auch, braun, Maus, Steuer, Bauch, kaum, keuchen, Strauß, Frau, tauchen, treu, brauchen, euch, Raum, laut, Mauer, Pause, kaufen, deutlich, dauern

1. Schreibe die Wörter ins Wörterheft.
2. Stelle die Reimwörter zusammen: *Feuer – teuer, ...*
3. Setze die Namenwörter (Nomen) in die Mehrzahl:
   das Feuer – die Feuer, ...
   Bei welchen beiden Wörtern geht das nicht?
4. Suche im Wörterbuch noch mehr Wörter mit **au** und **eu**.

Rechtschreibkurs zu S. 28–33

Diktat; Groß- und Kleinschreibung

Ein Zaubertrick

Wetten, daß du ein nasses Geldstück trocken aus einem Teller holen kannst, in den zuvor etwas Wasser gefüllt wurde? Du nimmst ein Wasserglas, zerknüllst ein wenig Papier, steckst es ins Glas und zündest es an. Dann stülpst du das Glas um und stellst es in die Mitte des Tellers. Das Glas saugt das Wasser vom Teller, das Geldstück liegt trocken daneben. Wie kann das sein? Durch die Verbrennung des Papiers wird der Sauerstoff im Glas verbraucht. Dort entsteht ein luftleerer Raum. Der Druck von außen bringt das Wasser ins Glas. Achtung! Den Trick dürft ihr nur **mit einem Erwachsenen zusammen** durchführen! (Übrigens kann man statt des brennenden Papiers auch eine Kerze verwenden.)

1. Schaut euch die Wörter mit kurzem Selbstlaut/Umlaut an, schreibt sie auf, und markiert sie: *Zaubertrick*, ...
2. Laßt euch den Text diktieren.

Das Feuer

Feuer, Streichholz, Flamme, Hitze, Rauch, Glut, Holz, Papier, Zweig, Äste, Angst, Glück, Spaß, Freude

gefährlich, ungefährlich, groß, hell, rot, gelb, orange, heiß, klein, schwarz, trocken, leuchtend, dürr, feucht, naß, angenehm

1. Notiere, wie das Feuer aussieht:
   das große Feuer, die gelben Flammen, die rote Glut, ...
2. Beschreibe das Feuer:
   Das Feuer ist groß. Die Flammen ...
3. Was braucht man, um ein Feuer zu machen? Womit kann man kein Feuer machen? Lege eine Liste an, und schreibe dann Sätze auf:

das braucht man	das braucht man nicht
trockene Streichhölzer	*feuchtes Papier*
...	...

4. Erzähle von den Gefahren des Feuers.

Rechtschreibkurs zu S. 34–39

ss-, ß; Wortbausteine; Silbentrennung

Hier die alte Feldscheune

Unterkunft der Schleiereule

die die Wühlmaus frißt...

die sich von der Schnecke nährt...

die das Blatt benagt...

das die gefräßige Raupe verzehrt...

die die Eidechse frißt...

die wiederum von der Ringelnatter verspeist wird...

die der Igel verschlingt...

den eines Tages vielleicht der Fuchs zerreißt...

Fressen und gefressen werden

1. Schau dir die Bilder auf dem Rand an. Wer frißt wen? Wer frißt was? Schreibe Sätze auf:
   Die Schleiereule frißt die Wühlmaus. Die Wühlmaus nährt sich ...
2. Welche Wörter hast du mit **ß** geschrieben?
3. Schau im Wörterbuch nach, ob du alles richtig geschrieben hast.

Aus ss wird ß – aus ß wird ss

fressen, essen, Fluß, fassen, lassen, Schloß, messen, Faß, müssen, passen, wissen, vergessen, Kuß, Schuß

1. Schreibe drei Verben (Zeitwörter) in der Er-Form, drei Verben in der Du-Form und drei Verben in der Ihr-Form auf:
   fressen – er frißt – er fraß, essen – ...
2. Kreise in deinen Wörtern **ß** und den folgenden Mitlaut ein:
   er fri(ßt), ...
3. Kreise in deinen Wörtern **ß** am Wortende ein:
   er fra(ß), ...
4. Schreibe die Nomen (Namenwörter) in der Einzahl und in der Mehrzahl auf: *der Fluß – die Flüsse, ...*

Im Zoo

1. Aus den folgenden Wörtern kannst du Namen von Tieren bilden, die man im Zoo findet:
   blind, braun, murmeln, bunt, grün, rot, lachen, Bär, Schleiche, Möwe, Tier, Specht, Barsch, Specht.
2. Suche noch mehr solcher Nomen (Namenwörter), mit denen Tiere benannt werden.
3. Aus dem Verb (Zeitwort) „füttern" wird das Nomen (Namenwort) „Fütterung", wenn du an den Verbstamm den Wortbaustein ung anhängst. Was wird aus bohren, betrachten, beobachten, halten, heizen, kreuzen, hoffen, drehen, begegnen, drohen?
4. Zerlege deine Nomen (Namenwörter) in Sprechsilben. Achtung! *Füt - te - rung, ...*

Aus **ss** wird am Wortende **ß**.
Aus **ss** wird vor einem Mitlaut **ß**.

Mit dem nachgestellten Wortbaustein ung werden aus Verben Nomen (Namenwörter). Nomen schreibt man groß.

Wind, Wind!

1. Wind, Wind, blase!
   Im Felde sitzt ein Hase.
   Er frißt den schönen, fetten Kohl.
   Wer jagt das kleine Häschen wohl?
   Wind, Wind, blase!

2. Wind, Wind, wehe!
   Im Walde sind zwei Rehe.
   Das eine groß, das andre klein,
   so geht es über Stock und Stein.
   Wind, Wind, wehe!

3. Wind, Wind, heule!
   Im Dach wohnt eine Eule.
   Die ärgert sich den ganzen Tag,
   daß sie kein Mensch mehr leiden mag.
   Wind, Wind, heule!

4. Wind, Wind, leise!
   Ein Stern geht auf die Reise.
   Und wer ihn sieht dort überm Baum,
   dem schenkt er einen schönen Traum.
   Wind, Wind, leise!

1. In jeder Strophe steht eine besondere Aufforderung an den Wind. Sie bestimmt, wie du betonen mußt. Überlege und trage das Gedicht vor.
2. Übe schwierige Wörter aus dem Text:
   – Schreibe die Wörter mit **d** und **g** am Ende auf. Verlängere die Wörter.
   – Welche Wörter enthalten **ß**? Schreibe sie auf. Wie heißt das Verb (Zeitwort) in der Grundform? Steigere das Adjektiv (Eigenschaftswort).
   – Welche Wörter sind auch noch schwierig zu schreiben? Sieh sie dir genau an, und schreibe sie in dein Wörterheft.
3. Diktiert euch den Liedtext gegenseitig.

Reimwörter

Sand, Wald, Pferd, blind, Abend, Lied, rund, Pfund, bald, Hemd, Herd, Freund, Wind, fremd, Gegend, Wand, Hand, Land, Hund, Strand, Mund

1. Welche Wörter reimen sich? Welche bleiben übrig?
2. Verlängere die Wörter: *der Sand – sandig, …*
3. Setze Adjektive (Eigenschaftswörter) zu den Nomen (Namenwörtern): *der feine Sand, …*
4. Setze Nomen zu den Adjektiven: *der blinde Mann, …*

Rechtschreibkurs zu S. 34–39

Groß- und Kleinschreibung; t; b; d; Satzzeichen

Der schlaue Fuchs ...

Artikel	Adjektiv	Nomen	Verb	Artikel	Nomen	Artikel	Nomen
Der	schlaue	Fuchs	stiehlt	dem	Bauern	ein	Huhn
Der	treue	Hund	holt	dem	Jäger	die	Ente
Das	flinke	Eichhörnchen	bringt	den	Jungen	die	Nüsse
Die	dicke	Amsel	gibt	dem	Jungen	den	Regenwurm
Die	fleißige	Biene	sammelt	der	Königin	den	Honig

1. *Wer findet die lustigsten Sätze? Tauscht die Adjektive (Eigenschaftswörter), die Verben (Zeitwörter) und die Nomen (Namenwörter) aus. Verwendet in den neuen Sätzen die passenden Artikel (Begleiter).*
2. *Wie heißen die grünen Satzglieder? Wie heißen die roten Satzglieder, wie die braunen und blauen?*
3. *Bilde aus den Sätzen oben fünf Fragesätze:* Stiehlt der schlaue Fuchs ...? *Rahme die Prädikate (Satzkerne) ein. Wo stehen die Prädikate in den Fragesätzen? Wo stehen sie in den Aussagesätzen oben?*
4. *Schreibe alle Wörter mit* **t** *am Ende auf. Zu welcher Wortart gehören die Wörter?*
5. *Schreibe alle Verben in der Grundform auf:* stiehlt – stehlen, ...

Rührt das Tier nicht an!

Der Fliege an der Wand,
dem Käfer dort im Sand,
der Schnecke unterm Laub,
der kleinen Maus im Staub,
dem Regenwurm, dem kleinen Reh,
tut allen Tieren niemals weh!
Die Eier in dem Nest,
den Vogel im Geäst,
bitte rührt das Tier nicht an,
so habt ihr eure Freude dran!

1. *Schreibe die Wörter mit* **d** *und* **b** *am Ende auf. Verlängere sie:* die Wand – die Wände, ...
2. *Schreibe den Text ab. Umrahme die Wem-Ergänzungen braun, die Wen/Was-Ergänzungen blau.*
3. *Findest du die Prädikate (Satzkerne)?*

Rechtschreibkurs zu S. 34–39

R   Satzzeichen   105

Welche Satzzeichen fehlen?

Hast du dein Auto auf den Winter vorbereitet☐
Vergiß den Sandsack und die Schaufel nicht☐
Nimm auch ein Abschleppseil mit☐
Haben die Winterreifen ein gutes Profil☐
Kannst du die Schneeketten montieren☐
Weißt du☐ daß man bei Eis und Schnee langsam fahren muß☐
Paß auf☐ daß du nicht in den Straßengraben fährst☐
Bist du sicher☐ daß deine Batterie in Ordnung ist☐
Achte darauf☐ daß alle Reifen ein gutes Profil haben☐

Schreibe die Sätze mit den richtigen Satzzeichen auf.

Vor **daß** steht immer ein **Komma**.	Auch vor **weil, als, wenn** steht immer ein **Komma**.

Wir verbinden Sätze miteinander

Auf der Erde ist es warm. Sie wird von der Sonne beschienen. –
Tag und Nacht wechseln ab. Die Erde dreht sich in 24 Stunden einmal um sich selbst. –
Das Jahr hat 365 Tage. In dieser Zeit umkreist die Erde die Sonne. –
Die Planeten nennt man auch Wandelsterne. Sie kreisen um die Sonne. –
Der Mond wurde als erster Himmelskörper vom Menschen betreten. Er liegt der Erde am nächsten.

1. Verbinde immer zwei Sätze mit <u>weil</u>. Vergiß das Komma nicht. Unterstreiche <u>weil</u> und das Komma rot.
2. Vertausche bei einigen Sätzen die beiden Teile so:
   Weil die Erde von der Sonne beschienen wird, ist es auf ihr warm.
3. Schreibe den folgenden Text auf, und setze die Satzzeichen ein:
   Als ich gestern abend zum Fenster hinausschaute erblickte ich den Polarstern Ich erkannte ihn weil er sehr hell leuchtete Etwas später als sich meine Augen ein bißchen an die Dunkelheit gewöhnt hatten sah ich viele Fixsterne Weil es ziemlich kühl war schloß ich das Fenster bald

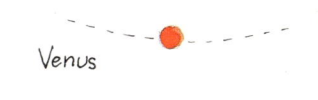

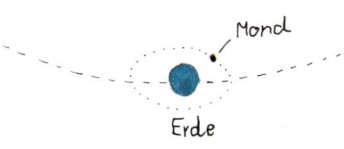

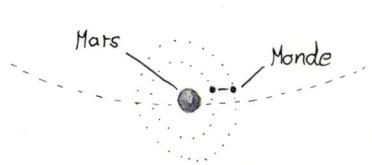

Rechtschreibkurs zu S. 40-45

Diktat; a/ä; Silbentrennung

Bescherung im Garten

Im Zimmer schmücken die Eltern den Weihnachtsbaum. Draußen richten Tim und Tina einen anderen Baum her. Aber sie hängen keine bunten Kugeln, kein Lametta, keine Äpfel, keine Sterne und auch kein Gebäck auf! Weder Kerzen noch Schmuck sind an den Zweigen zu sehen. Ganz andere Dinge befestigen Tina und Tim an den Ästen: Kugeln, die außen ein Netz haben. Innen sind Kerne, gehackte Nüsse und Fett. Tim hängt noch eine Glocke an den Baum. Aber die Glocke gibt keinen Ton von sich. Für wen ist dieser Weihnachtsbaum?

1. Schreibe den Text ab.
2. Unterstreiche die Wörter mit **ä**: ... *hängen*, ...
3. Schreibt den Text als Partnerdiktat.

Aus a wird ä - ä kommt meistens von a

kalt, glatt, warm, naß, stark, lang, hart, scharf, flach, Dächer, Wälder, Stäbe, Bälle, Kämme, Mäntel, Bärte, Wände

1. Schreibe die passenden Wörter mit **a** und mit **ä** auf: *kalt – die Kälte, ... die Dächer – das Dach, ...*
2. Wer findet das Nomen (Namenwort): ängstlich, gefährlich, mächtig, schädlich? *ängstlich – die Angst, ...*
3. Wer findet das Adjektiv (Eigenschaftswort): Länge, Kälte, Glätte, Nässe, Wärme, Stärke, Härte, Schärfe, Fläche? *die Länge – lang, ...*

In den Weihnachtsferien

Ein musikalisches Ratespiel: Tim steht vor der Tür. Die anderen denken sich ein langes Wort aus, zum Beispiel Weihnachtsbaumkerzen. Jeder sucht sich eine Silbe aus. Tim kommt herein. Alle beginnen, ihre Silbe mal laut, mal leise, hoch und tief zu sprechen, zu flüstern, zu rufen oder zu singen. Tim muß gut hinhören, um das „Silbensingrätsel" zu lösen.

Suche 15 passende Wörter für das Spiel, und schreibe sie nach Silben getrennt auf. Kontrolliere mit dem Wörterbuch.

R a/ä; äu/au; Wortfamilie

Rechtschreibkurs zu S. 40–45

107

Mit der Lupe betrachtet – aus dem Flugzeug gesehen

Tina hat zu Weihnachten eine Lupe bekommen. Wenn sie kleine Dinge unter die Lupe legt, sehen diese sehr groß aus. Wenn man mit dem Flugzeug fliegt und nach unten schaut, sieht alles sehr klein aus.

1. Wie sieht das alles aus, wenn man es mit einer Lupe betrachtet: Mäuschen, Äuglein, Näschen, Nägelchen, Drähtchen, Zähnchen?
Ein Mäuschen sieht dann aus wie eine große Maus, ein Äuglein wie ...
2. Wie sieht man das vom Flugzeug aus: Baum, Haus, Ast, Zaun, Mauer, Schaf, Kran, Wald, Mann, Rad?
Vom Flugzeug sieht ein Baum aus wie ein Bäumchen, ein Haus wie ...

äu kommt oft von au – au wird oft äu

Träume, Bäume, Häuser, Mäuse, Zäune, Bäuche, Fäuste, Häute, schäumen, aufräumen, Läufer, Verkäufer, Geräusch, häufig, Gebäude, Fräulein, bräunen, gläubig, läuten, räuchern

1. Ordne diesen Wörtern Wörter mit **äu** zu: Traum, Schaum, bauen, Baum, Raum, Frau, Haus, laufen, braun, Maus, verkaufen, glauben, Zaun, rauschen, laut, Bauch, Haufen, Rauch, Faust, Haut:
die Träume – der Traum, die Bäume – der Baum, ...
2. Welche Wörter mit **äu** gehören zu diesen Wörtern: Auge, Ausflug, außen, Mauer, Pause, kaum, Schaukel, Staub, sauber, brauchen, Kraut, kaufen, schauen, auch, erlauben. Zu welchen Wörtern hast du kein passendes Wort mit **äu** gefunden?

Zwei Wortfamilien

laut, läuten, Laufstall, Lauf, laufen, Laufzeit, Läutwerk, Mitlaut, Endlauf, lauten, Läufer, Lautsprecher, vorläufig, Läuferin, Lautstärke, Selbstlaut, ablaufen, vorlaufen, laufend, lautlos, Läuferinnen, Umlaut

Ordne die Wörter den beiden Wortfamilien „lauten" und „laufen" zu.

Rechtschreibkurs zu S. 40–45

108 Diktat; Zusammensetzung; e; eu   R

Vorfreude

Jetzt ist die schönste Zeit im Jahr, denn bald beginnen die Weihnachtsferien. Habt ihr schon alle Weihnachtsgeschenke gebastelt? Sind die Zettel mit den Weihnachtswünschen schon geschrieben? Manche Kinder backen zusammen mit ihren Eltern Weihnachtsgebäck und gehen auf den Weihnachtsmarkt. Am Weihnachtsabend klingen Weihnachtslieder und Weihnachtsmusik durch das Haus. Der Baum im Weihnachtszimmer wird gemeinsam geschmückt. Jeder sucht den Schmuck aus, der ihm am besten gefällt: Äpfel, Kugeln, Lametta und natürlich auch viele Kerzen. Mir tun die Leute leid, die an den Weihnachtsfeiertagen arbeiten müssen.

1. Schreibe den Text ab.
2. Schreibe alle Wörter mit „Weihnacht" und dem eingeschobenen **s** auf: *Weihnachtsferien, ...*
3. Schreibe alle übrigen Wörter mit **h** auf.
4. Diktiert euch den Text gegenseitig.
5. Setze andere Wörter mit <u>Weihnacht</u> zusammen: *Weihnachtsfest, ...*
   Wer findet die meisten zusammengesetzten Wörter?

e bleibt e

Grenze, Zelt, Stern, Pferd, Schere, Paket, Teller, leben, legen, pflegen, kleben, begegnen, überqueren, bewegen

1. Schreibe die Nomen in der Mehrzahl auf:
   die Grenze – die Grenzen, ...
2. Wie heißen die Verben in der Er-Form: *leben – er lebt, ...*
3. Welche Adjektive (Eigenschaftswörter) gehören zu diesen Wörtern: Nebel, Enge, Ehrlichkeit, Dreck, Berg, Ecke?
   der Nebel – neblig, ...
4. Aufgepaßt! Wie heißt die Er-Form dieser Verben: lassen, schlagen, graben, blasen, fahren? *lassen – er läßt, ...*

eu bleibt eu

Kreuz, Zeugnis, Freund, Freude, Neuheit, freundlich, sich freuen, neu, Zeugnisse, Kreuze

Wie heißt das Lösungswort?   Welche Wörter gehören zusammen? *das Kreuz – die Kreuze, ...*

Rechtschreibkurs zu S. 46–51

R kurzer Selbstlaut/Umlaut; Zusammensetzung 109

Lang oder kurz?

- Tag, Draht, kämmen, Haar, Kaffee, Bäcker, Wald, Kälte, zäh, Mädchen
- Schere, Fehler, treffen, Geld, Keller, Mensch, Herr, Feld, Fell, Meer
- dir, Lied, Brille, erinnern, Griff, ihm, Vieh, wissen, gießen
- Boden, Zoo, Sohn, doppelt, Schlösser, Möbel, fröhlich, donnern
- Beruf, grüßen, fühlen, Schuh, rund, müssen, Gruppe, Bus

1. Schreibe die Wörter ab. Kennzeichne die langen Selbstlaute/ Umlaute mit einem Strich: T̄ag, … Die kurzen Selbstlaute/ Umlaute kennzeichnest du mit einem Punkt: kä̇mmen, …
2. Schau dir die Wörter mit kurzem Selbstlaut/Umlaut genau an. Was folgt nach dem kurzen Selbstlaut/Umlaut?

Buchstabenzauber

das Nest	– nett	schalten	– der Schatten	die Taste	– die ____
das Volk	– v____	halten	– die ____	der Wald	– der ____
der Wirt	– w____	bald	– der ____	die Kante	– die ____
das Fest	– das ____	schützen	– ____	das Herz	– der ____
die Tante	– die ____	der Kasten	– die ____	das Feld	– das ____
der Schwarm	– der ____	der Westen	– die W____	der Darm	– der ____

1. Die vorgegebenen Wörter haben alle einen kurzen Selbstlaut/ Umlaut und danach zwei verschiedene Mitlaute. Nimm einen Mitlaut weg, und verdopple den anderen. Du bekommst so neue Wörter. Schreibe sie auf:
   das Nest – nett, schalten – der Schatten (oder schallen), …
*2. Suche im Wörterbuch je fünf Wörter mit **ff**, **ck**, **ll**, **mm**, **nn**, **rr**, **ss**, **tt**. Schreibe sie auf.*

Falsch zusammengesetzt

Teeschiff – Segelkanne, Affenstoff – Kleiderkäfig, Leseeimer – Müllbrille, Himmelnummer – Telefonbett, Sommerzimmer – Schlafferien, Sonnenschüssel – Suppenschein, Kirchenrübe – Zuckerglocke, Ackersack – Ruckboden

Setze die Wörter wieder richtig zusammen.

Rechtschreibkurs zu S. 46–51
Wortbausteine

Wortbausteine am Wortende

a) fröhlich, lustig, ehrlich, ähnlich, farbig, flüssig
b) erzählen, rechnen, wohnen, ausbilden, erziehen, zeichnen, erholen, begegnen, betrachten, ernähren, fassen, erfinden
c) schön, dumm, klug, dunkel, echt, blind, gesund, faul, krank
d) arbeiten, anfangen, wecken, backen, basteln, bohren, boxen

1. Zu jeder der Reihen a)–d) paßt einer dieser Wortbausteine: ung, heit, keit, er. Ordne zu.
2. Setze die Wörter mit den passenden Wortbausteinen zusammen, und schreibe die Nomen (Namenwörter) mit den Artikeln (Begleitern) auf. Denke an die Großschreibung:
   fröhlich – die Fröhlichkeit, ...

e) der Friede, das Kind, die Angst, die Ehre, die Gefahr
f) der Fluß, die Farbe, die Kraft, die Luft, der Durst, der Sand
g) der Fehler, der Vorteil, die Dauer, wahr, der Meister
h) die Arbeit, die Treue, der Rat, der Wunsch, die Hoffnung
i) danken, bewohnen, zerlegen, halten, brauchen, verwenden
j) die Stadt, das Kind, der Maler, die Laune, der Erfinder

3. Zu jeder der Reihen e)–f) paßt einer dieser Wortbausteine: isch, bar, los, lich, haft, ig. Ordne zu.
4. Schreibe die Wörter mit den passenden Wortbausteinen auf. Werden sie groß oder klein geschrieben?
5. Suche dir aus den Wörtern, die du zu a)–j) gebildet hast, je eines heraus. Schreibe mit jedem einen Satz auf.

Wortbausteine am Wortanfang

a) leben, fahren, holen, kennen, setzen, raten, zählen
b) kaufen, bieten, stehen, schwinden, reisen, binden
c) brechen, fallen, kratzen, legen, platzen, reißen, stören
d) leuchten, suchen, bauen, danken, deuten, eilen, greifen

1. Ordne die Wortbausteine zer, ver, be, er den Reihen zu, und bilde Verben (Zeitwörter) mit ihnen.
2. Suche so viele Verben und Adjektive wie möglich, die du mit diesen Wortbausteinen zusammensetzen kannst: ent, weg, ge, un.

Rechtschreibkurs zu S. 52–57
Diktat; nachschlagen; Zusammensetzung

Die Klassenzeitung

Es ist nicht schwer, eine Klassenzeitung herzustellen. Zuerst überlegt ihr, wie die Zeitung heißen soll, und für wen sie ist: für eure Eltern, für eure Mitschüler oder für alle Leute in eurem Ort? Was könnte die Leser interessieren? Lesen sie gern Nachrichten aus der Schule, Witze, erfundene oder erlebte Geschichten? Ihr bildet Gruppen. Jede übernimmt einen Teil der Zeitung. Wenn die Beiträge fertig sind, werden sie gemeinsam geprüft. Ihr sucht passende Bilder aus, ordnet die Beiträge auf den Seiten an und klebt sie fest. Nun werden die Seiten kopiert und in der richtigen Reihenfolge geordnet. Zum Schluß klammert ihr die Zeitung mit einem Heftapparat zusammen. Wieviel kostet sie?

1. *Verstehst du alle Wörter in dem Text? Suche die schwierigen heraus: interessieren, kopieren, Heftapparat, ...*
   Auf welchen Seiten stehen sie in deinem Wörterbuch?
2. *Schreibe den Text ab.*
3. *Partnerdiktat.*

Wir bauen Wörter zusammen

1. *Aus den 14 Nomen vom Rand kannst du mindestens sieben zusammengesetzte Nomen bilden. Schreibe sie auf.*
2. *Suche diese Wörter im Wörterbuch: Hausmeister, Bettdecke, Regenjacke, Kaffeekanne, Ringbuch. Notiere die Seiten, auf denen du sie entdeckt hast.*
3. *Hast du die Wörter nicht gefunden? Das liegt wahrscheinlich nicht an dir. In den meisten Wörterbüchern stehen diese Wörter nicht. Aber dieser Trick hilft dir beim Suchen: So wie du oben die Wörter zusammengebaut hast, so zerlegst du sie wieder in ihre Bauteile: Hausmeister – Haus, Meister; ...*
   Nun schlägst du die einzelnen Wörter nach und schreibst die Seitenzahl dazu.
4. *In welche einzelnen Wörter mußt du diese Wörter zerlegen, wenn du sie nachschlagen willst: Schreibtisch, Bastelschere, Schreibpapier, Radiergummi, Schreibmaschine, Malstift, Kochrezept, Kopiergerät? Schreibe jeweils das Verb und das Nomen auf: Schreibtisch – schreiben, der Tisch; ...*

Filz   Schüler
Zeitung Stift
Deutsch Foto
Bild   Tier
Apparat Rätsel
Geschichte Haus
Lehrerin Ecke

Rechtschreibkurs zu S. 52–57

Wortbausteine; Silbentrennung

Kuckuckseier

HARMLOS
SCHMERZLOS
LOTTERIELOS
FURCHTLOS
WUNSCHLOS

TRAGBAR
NACHBAR
SICHTBAR
HEILBAR
HÖRBAR

SCHREIBTISCH
FANTASTISCH
STÄDTISCH
MALERISCH
SPIELERISCH

NAHRHAFT
FEHLERHAFT
MEISTERHAFT
DAUERHAFT
GEFÄNGNISHAFT

1. Auf der Rätselseite eurer Klassenzeitung könnt ihr auch „Kuckuckseier" verstecken: In jeder senkrechten Reihe oben steckt ein Wort, das nicht zu den anderen vier Wörtern paßt. Welche sind es?
2. Schreibe alle Wörter mit großen und kleinen Buchstaben auf. Dein Nachbar prüft mit dem Wörterbuch, ob alle Wörter richtig geschrieben sind.
3. Außer den „Kuckuckseiern" zerlegst du alle anderen Wörter in ihre Wortbausteine. Welche vier Wortbausteine hast du gefunden, mit denen man Adjektive (Eigenschaftswörter) bilden kann?

Silbenrätsel

> Lau-, -heit, Hei-, Woh-, Wag-, -din, -heit, Zei-, -keit, Frei-, -tung, -zung, -nis, -nung, Freun-, Mensch-, -ber

1. Setze die Silben zu acht Nomen (Namenwörtern) zusammen.
2. Welche fünf verschiedenen Wortbausteine erkennst du in den Wörtern? Vorsicht: Oft sind Silbe und Wortbaustein nicht gleich!
3. Aus diesen Wörtern kannst du Nomen bilden: trennen, zeichnen, möglich, höflich, sicher, neu, ereignen, hindern, geheim. Du brauchst sie nur mit den Wortbausteinen ung, heit, keit oder nis zusammensetzen.
4. Mit dem Wortbaustein in verwandelt man manche männliche Nomen in weibliche: der Hund – die Hündin.
   Kannst du das mit diesen Wörtern auch: Freund, Sänger, Läufer, Reiter, Arzt, Fahrer, Arbeiter, Mutter?
5. Schreibe die Wörter mit in auch in der Mehrzahl auf.

Rechtschreibkurs zu S. 58–63

R Diktat; Silbentrennung; das – daß 113

Zwei Spiele
Beim Eierrollen lassen die Spieler von einer Startlinie aus harte Eier einen kleinen Hügel oder ein schräges Brett hinunterrollen. Der Besitzer des Eies, das am weitesten gerollt ist, hat gewonnen. Kaputte Eier scheiden aus. Zum Eierpusten setzt ihr euch um einen Tisch und legt die Unterarme auf den Rand. In der Mitte liegt ein ausgeblasenes Ei. Jeder pustet so stark, daß das Ei nach Möglichkeit den Unterarm eines Mitspielers berührt. Dieser gibt ein Pfand.

1. Zweimal kommt in dem Text das Wort <u>das</u> und einmal das Wort <u>daß</u> vor. Wo kann man dafür <u>dieses</u> oder <u>welches</u> einsetzen?
2. Übt die schwierigen Wörter; besonders lange Wörter zerlegt ihr in Silben: Ei-er-rol-len, ...
3. Partnerdiktat.

Ein Überraschungsei

Schreibe eine kleine Geschichte, ein Gedicht oder ein Rätsel, ☐ dir gefällt, auf dünnes Papier. Du rollst ☐ Papier so eng zusammen, ☐ es in ☐ kleine Loch eines ausgeblasenen, bemalten Eies paßt. Zu Ostern kannst du ☐ Ei verschenken.

Mache die Probe mit <u>dieses</u> oder <u>welches</u>: In welche Lücken gehört <u>das</u>, in welche gehört <u>daß</u>?

> Wenn man nicht weiß, ob man **das** oder **daß** schreiben soll: **das** schreibt man, wenn man auch **dieses** oder **welches** sagen kann: *Das* (dieses) *Ei, das* (welches) *ich bekommen habe, ... Paß auf, daß* (dieses/welches paßt nicht!) *das Ei nicht kaputtgeht!*

Ein Gespräch nach Ostern

Tim: „Es war gut, ☐ an Ostern schönes Wetter war. Im letzten Jahr war ☐ Wetter so schlecht, ☐ wir im Zimmer spielen und suchen mußten."
Rolf: „☐ Spiel, ☐ ich bekommen habe, kann man auch im Haus spielen. Kommst du morgen zu mir, damit wir es zusammen ausprobieren können?"

Ergänze <u>das</u> oder <u>daß</u>, und schreibe den Text auf.

Rechtschreibkurs zu S. 58–63

dem – den; Zusammensetzung; ß

Ostereier suchen

Die Eltern von Tim und Tina verstecken Ostereier.

an – auf – hinter – in – neben – über – unter – vor – zwischen	Tisch – Stuhl – Bett – Spiegel Vorhang – Schrank – Kissen – Vase – Schublade – Baum – Gras – Blumen – Erde – Laub

1. *Wohin* legen die Eltern die Eier?
   Sie legen die Eier *auf den Schrank, hinter* …, *in* …,
2. *Wo* finden Tim und Tina die Eier?
   Die Kinder finden die Eier *auf dem Schrank, hinter* …, *in* …,
3. Fallen dir noch mehr Verstecke für Ostereier ein?
4. Schreibe eine kleine Geschichte:
   Als ich einmal Ostereier suchte

Was gehört zu Ostern?

Bräuche, Blumen, Eier, Ferien, Feuer, Hase, Grüße, Kuchen, Montag, Sonntag, Spiele, Woche

1. Welche beiden Wörter stehen nicht in der Reihenfolge des Alphabets?
2. Schreibe so: *die Osterblumen, die Osterbr…*

Wörter mit ß

Fuß, Gruß, süß, Straße, Fußball, Grüße, Süßspeise, maßvoll, Maß, Füße, mäßig, fraß, grüßen, versüßen, Straßenbahn, gefräßig, Stoß, groß, weiß, Strauß, außer, Stöße, Fraß, stoßen, Größe, Weißbrot, Sträuße, schneeweiß, saß, vergrößern, Sträußchen, beißen, gießen, außerdem, heiß, Gießerei, Beißzange, Gießkanne, außerhalb, heißer, bloß, dreißig

1. Stelle die verwandten Wörter zusammen, und schreibe sie auf:
   der Fuß – die Füße – der Fußball,
   der Gruß – die Grüße – grüßen, …
2. Welche drei Wörter bleiben allein stehen?
3. Suche noch mehr Wörter mit ß, und trage sie in dein Wörterheft ein.

Artikel; Diktat

Rechtschreibkurs zu S. 64–69

Viele Blumen blühen auf der Wiese

<u>Der</u> Wiesenbocksbart hat gelbe Blüten. Der Storchschnabel blüht, nachdem die Wiese gemäht ist. Der Wiesenkerbel ... Der Sauerampfer ... Der Klee ... Der Wiesensalbei ...

Die Blüten <u>des</u> Wiesenbocksbartes sind gelb. Die Blätter des ...

An <u>dem</u> Wiesenbocksbart krabbelt eine Goldfliege. Auf dem Storchschnabel sitzt ... Neben dem Wiesenkerbel ist ein ...

Ich erkenne <u>den</u> Wiesenbocksbart an seinen gelben Blüten. Ich pflücke den ...

1. *Schlage die Pflanzen im Lexikon nach. Ergänze und schreibe die Sätze auf. Unterstreiche die Artikel (Begleiter).*
2. *Hast du bemerkt, wie sich der Artikel geändert hat? Einmal hast du <u>der</u>, dann <u>des</u>, danach <u>dem</u> und <u>den</u> gebraucht. Setze nun für je ein Beispiel den unbestimmten Artikel ein:*
   Ein Wiesenbocksbart hat ...
3. *Suche Beispiele für weibliche Blumennamen, und bilde Sätze mit dem bestimmten und dem unbestimmten Artikel:*
   Die Sonnenblume hat .... Eine Margerite ...

Lieber Christian,

schade, daß Du heute nicht in der Schule warst. Wir haben eine Gärtnerei besucht und viele Blumen gesehen. Im Frühbeet wuchsen gelbe Alpenveilchen und rote Fuchsien. Ein anderes Beet war voll mit weißen, gelben und blauen Stiefmütterchen, mit Schlüsselblumen und Osterglocken. Dann durften wir die Gewächshäuser anschauen. Die Dächer und die Wände waren aus Glas, das außen weiß angestrichen war. Innen war es warm, weil die Heizung noch angestellt war.
Hoffentlich bist Du bald wieder gesund. Am nächsten Wochenende komme ich Dich besuchen.
Viele Grüße von der ganzen Klasse und mir!

                                            Dein Tim

1. *Kennst du die Blumen, die im Text vorkommen? Wenn du sie nicht kennst, erkundige dich, wie sie aussehen.*
2. *Welche Blume ist in dem Brief falsch beschrieben?*
3. *Partnerdiktat – ohne das falsche Wort.*

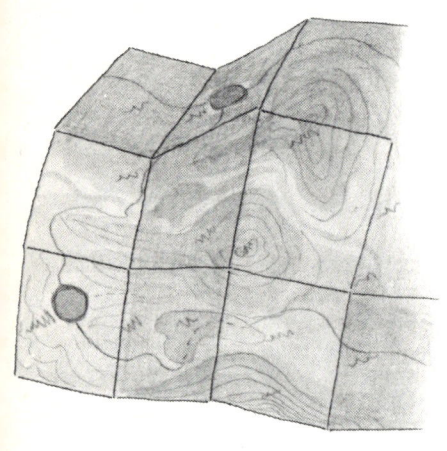

Rechtschreibkurs zu S. 64–69
Wortbausteine; Kleinschreibung; qu

Bei der Frühjahrswanderung

Diese Karte können wir brauchen, wir verwenden sie; das Fernrohr auf dem Aussichtsturm kann man drehen und verstellen; die Äcker in der Umgebung tragen Frucht. Der Weg macht Mühe; die Wanderer schweigen; der Hund gehorcht. Wir zweifeln an der Auskunft; die Beschreibung zeigt Mängel.

Wir verwenden die Adjektive (Eigenschaftswörter) mit den Wortbausteinen |bar|, |sam|, |haft|:
Diese Karte ist brauchbar, sie ist . . . . Der Weg ist mühsam, die Wanderer . . . . Die Auskunft ist . . . .

Bildhafte Adjektive (Eigenschaftswörter)

Was ist größer als groß? Was ist höher als hoch? Was ist leichter als leicht? Was ist klarer als klar? Was ist schwärzer als schwarz? Was ist jünger als jung? Was ist älter als alt? Was ist ärmer als arm? Was ist böser als böse? Was ist trauriger als traurig? Was ist müder als müde? Was ist glatter als glatt? Was ist stiller als still? Was ist dünner als dünn?

Es ist nicht nach Gegenständen gefragt, sondern nach einem stärkeren Ausdruck:
Größer als groß ist riesengroß. Höher als hoch ist . . .

riesengroß, himmelhoch, hauchdünn, federleicht, sonnenklar, pechschwarz, blutjung, steinalt, bettelarm, bitterbös, todtraurig, todmüde, spiegelglatt, mucksmäuschenstill

Wörter mit qu oder Qu

das **Quadrat**	qualmen	quer	die **Quitte**
quaken	der **Quark**	quetschen	quittieren
die **Qual**	das **Quartett**	quieken	die **Quittung**
quälen	das **Quecksilber**	quietschen	das **Quiz**
die **Qualle**	die **Quelle**	quirlen	überqueren
der **Qualm**	quellen	der **Quirl**	

1. Ordne die Wörter: Nomen (Namenwörter):   *das Quadrat, . . .*
   Verben (Zeitwörter): *quaken, . . .*
   Welches Wort bleibt übrig?

2. Erkläre diese Wörter: die Qualle, die Quelle, quetschen, der Quirl, die Quittung, das Quiz. Schreibe jeweils einen Satz dazu:
   Die Qualle ist ein Meerestier. . . .

Rechtschreibkurs zu S. 64–69
Diktat; ng; langer Selbstlaut/Umlaut; g

Der Maikäfer

Der Maikäfer lebt nur etwa vier bis sechs Wochen lang als Käfer. Das Weibchen legt Ende Mai oder Anfang Juni bis zu achtzig Eier ☐☐ Erde. Es dauert vier bis sechs Wochen, bis ☐☐ Eiern die Larven des Maikäfers schlüpfen. Das sind die Engerlinge. Sie leben ☐☐ Erde und ernähren sich ☐☐ Wurzeln der Pflanzen. Von Jahr zu Jahr bewegen sie sich tiefer ☐☐ Erdreich, dabei wachsen sie ständig. Fast drei Jahre lang leben sie ☐☐ Erdoberfläche, bis sie sich einpuppen. Im Herbst entsteht ☐☐ Hülle der fertige Käfer. Sobald es Frühling wird, klettern sie ☐☐ Erde ☐☐ Licht und fliegen davon.

1. Ergänze die fehlenden Wörter, und schreibe den Text ab.
2. Übe diese schwierigen Wörter besonders gut: Maikäfer, Weibchen, Larven, Engerlinge, Wurzeln, Pflanzen, wachsen, ständig, Erdoberfläche, einpuppen, Hülle, fertig.
3. Welche Wörter mit **ng** findest du im Text? Schreibe sie auf, und kreise **ng** ein.
4. Diktiert euch den Text gegenseitig.

an das   in das   in der   aus den   von den   in die   unter der   in der   aus der

Wörter mit g

du biegst	er biegt	er bog	biegen
du fliegst	...	...	...
...	er schlägt	...	schlagen
du trägst	...	...	...
...	...	er schwieg	...
...	...	...	legen
...	...	...	mögen

1. Welche Wörter fehlen? Schreibe alle Verben (Zeitwörter) auf.
2. Auf dem Rand sind noch mehr Verben mit **g**. Schreibe sie in den gleichen Formen auf wie die Verben bei Aufgabe 1.
3. Welche der Verben aus den Aufgaben 1 und 2 reimen sich in der Grundform? Schreibe sie auf: *biegen – fliegen – ..., ...*

sagen
fragen
lügen
zeigen
liegen
pflegen
sorgen
wiegen

Wortbausteine

Rechtschreibkurs zu S. 70–75

Ein Mißverständnis

Amir kommt aus der Türkei und ist noch nicht lange in Deutschland. Natürlich kann er Türkisch, aber Deutsch spricht Amir noch nicht so gut. Gestern wollte er seinen Vater an dessen Arbeitsplatz im Elektrizitätswerk besuchen. Er kam an eine geschlossene Tür, als gerade ein Arbeiter vorbeikam. Amir fragte den Mann: „Darf ich dort zutreten? Ich suche meinen Vater." Der Mann antwortete: „Das heißt eintreten." Amir meinte darauf: „Aber dort steht doch Zutritt verboten." Der Arbeiter lachte und sagte: „Ja, Deutsch ist manchmal schwer."

1. Wie kam es zu dem Mißverständnis?
2. Erkläre diese Wörter mit Beispielsätzen: abtreten, austreten, eintreten, festtreten, hintreten, heraustreten, durchtreten, herantreten, niedertreten, übertreten, umtreten, vortreten, wegtreten, zurücktreten, zutreten.
3. Welche Wörter können auch zu solchen Mißverständnissen wie bei Amir führen? Schreibe Beispielsätze auf.

Sehen und werfen

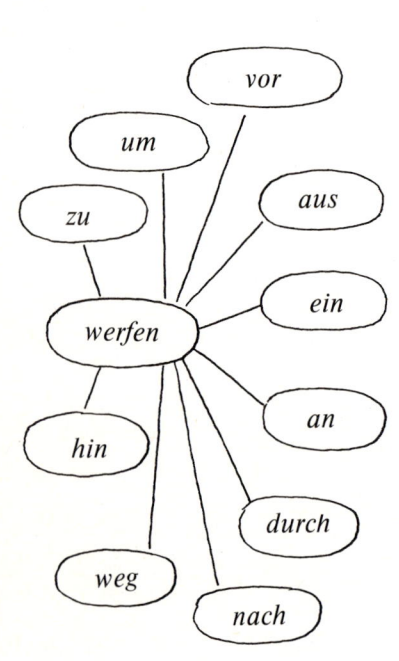

1. Setze die Wortbausteine mit <u>sehen</u> zusammen.
2. Erkläre die verschiedene Bedeutung der Wörter.
3. Welche Wortbausteine findest du, die zu <u>werfen</u> passen? Schreibe auf, und erkläre.
4. Was ist an diesen Sätzen falsch, obwohl der richtige Wortbaustein beim Verb steht?

   Ich wegwerfe keinen Abfall. Meine Mutter durchsieht meine Hausaufgaben. Meine Schwester und ich ansehen uns den Film. Mein Bruder zuwirft mir den Ball.

Rechtschreibkurs zu S. 70–75
Diktat; Satzzeichen; k

Mir war pudelwohl

Letzten Sonntag kamen wir alle mit nassen Füßen und feuchten Kleidern nach Hause. Als mein Bruder nach dem Abendessen einen heißen Kopf hatte steckte ihn meine Mutter ins Bett. Sie sah ihm an daß er Fieber hatte. Er bekam eine Tasse Lindenblütentee weil er schwitzen sollte. Am anderen Morgen klagte meine Schwester über Halsweh. Als dann mein Vater heftige Kopfschmerzen bekam telefonierten wir mit dem Hausarzt. Er kam und verschrieb allen die gleiche Medizin. Meine Mutter pflegte die Kranken. Ich ging mit dem Rezept in die Apotheke und holte die Tropfen und die Tabletten. Meine Mutter und ich wurden nicht krank und fühlten uns pudelwohl.

1. Wo müssen in den Sätzen mit <u>als</u>, <u>daß</u> und <u>weil</u> Kommas stehen?
2. Schreibe den Text ab. Setze die fehlenden Kommas ein.
3. Partnerdiktat.

Wörter mit k

Marke, merken, links, Markt, parken, trinken, wirken, Zirkus, wirklich, Wolke, Zirkel, krank, Mark, Bank, Schrank, Tank, denken, Werk, tanken, Park, Quark, Volk, schlank, stark, Blinker, danken, dunkel, Schaukel, Pauke, Balken, wolkig, streiken, Balkon, dunkel, welken, Onkel, schenken, senken, sinken

1. Ordne die Wörter:
   Wörter mit lk: Wolke, ...
   Wörter mit nk: links, ...
   Wörter mit rk: Marke, ...
   Wörter mit auk:
   Wörter mit eik:
2. Geldstück: M... Gegenteil von rechts: ...
   Gegenteil von schwach: ... Gegenteil von dick: ...
   überdachter Vorbau am Haus: Bal...
3. Erfinde auch solche Rätsel mit **k**-Wörtern. Laß deinen Nachbarn raten.

Rechtschreibkurs zu S. 70–75

ai; Silbentrennung; ng; z

Aus dem Kinderlexikon

der **Hai**	– ein Raubfisch
der **Hain**	– ein kleiner Wald
der **Kai**	– gemauertes Ufer oder Uferstraße
der **Kaiser**	– Herrscher über Könige und Fürsten
der **Laib**	– geformtes Brot, geformter Käse
der **Laich**	– Eier von Wassertieren
der **Mai**	– Monatsname
der **Main**	– Flußname
Mainz	– Stadtname
der **Mais**	– Getreidepflanze
die **Saite**	– gespannter Faden auf Instrumenten
die **Waise**	– Kind ohne Vater und Mutter

1. Ergänze die folgenden Wörter mit den Lexikonwörtern von oben, und schreibe sie auf:
   der -käfer, der -baum, der Frosch-, das -mehl, das -feld, der -kolben, der Brot-, das -kind, das -haus, das -reich, das -instrument, die -mündung, die -mauer, die -buche
2. Suche weitere Wörter, die mit **ai** geschrieben werden.
3. Schau dir das Silbenrätsel auf dem Rand an: Findest du alle neun Nomen (Namenwörter)? Woran erkennst du die erste Silbe? Suche dann die zweite Silbe, und schreibe so:
   Kai-ser, Mai-...

ser	Mai	ben	Mais
Kai	glöck	kol	Brot
chen	Bir	laib	Vio
ken	hain	Hai	lin
fisch	te	sen	Frosch
haus	sai	Wai	laich

Wörter mit ng

Finger, lang, anfangen, bringen, eng, jung, Menge, langsam, Ring, singen, Wohnung, angeln, hängen, Prüfung, Spannung, Zunge, streng, verlangen, Angst, Zeitung, drängen, Frühling, empfangen, Nahrung, Hunger, Heizung, Vorhang, Pudding, springen

1. Ordne die Wörter nach Nomen (Namenwörtern), Verben (Zeitwörtern), Adjektiven (Eigenschaftswörtern).
2. Trage die Wörter in dein Wörterheft ein.

Wörter mit z

schmerzen, pflanzen, Tanz, Kerzen, tanzen, Kranz, Holz, März, Ranzen, Schwanz, Wurzeln, stolz, ganz, Schmerz, purzeln, Herz, ranzig, Schürze, zwanzig, kurz, Würze, Kreuzung, Sturz, salzen, schmelzen, Kreuz, Pilz, Walzen, heizen, Grenze, Heizung, einzeln, Arzt, Benzin, geizig

1. Schreibe die Reimwörter auf: *schmerzen – Kerzen, ...*
2. Welche Wörter haben keinen Reimpartner?

Rechtschreibkurs zu S. 76–81
Diktat; wem-wen; Wortfeld; Wortfamilien

Um die Wurst!

Schnell gehen sie zum Metzger, und jeder kauft eine Bockwurst. Als Siegespreis bekommt er die Bockwurst. Aber Stefan ist ein feiner Kerl und sagt: „Ich habe gewonnen, dafür esse ich den Siegespreis. Doch als Trostpreis schenke ich dir meine Wurst." Stefan holt Markus zum Sackhüpfen.(1) Nun hat er zwei Würste, und Markus kann ihm beim Essen zusehen.(8) „Ich wette eine Bockwurst, daß ich gegen dich gewinne!"(2) Nach schwerem Kampf kann Stefan das Wetthüpfen gewinnen. „Das glaubst du ja selbst nicht, ich wette dagegen!" entgegnet Markus. Auf einer Wiese schlüpfen sie in die Säcke und hüpfen los.

1. *Schreibe die Sätze in der richtigen Reihenfolge von (1)–(12) auf.*
2. *Partnerdiktat.*

Wem oder wen/was?

helfen, trinken, essen, aufstellen, spielen, danken, anschauen, winken, zuhören, beobachten, erblicken, bemerken, zusehen, vorspielen, betrachten, gratulieren, bestaunen, gefallen, begegnen, gehören, fehlen, anstarren, zuschauen

1. *Welche dieser Verben kann man statt <u>sehen</u> verwenden?*
2. *Wer hilft wem? Ich helfe dem Mädchen.*
   Wer trinkt wen/was? Er trinkt Limo.
   Schreibe Sätze mit den Verben auf. Unterstreiche das Prädikat (den Satzkern) rot und das Subjekt grün. Die Wem-Ergänzung unterstreichst du braun, die Wen/Was-Ergänzung blau.
3. *Schreibe auch Sätze mit diesen Verben auf: zeigen, geben, beantworten, erklären, schenken. Was fällt dir auf?*
4. *Unterstreiche jeweils das Subjekt, das Prädikat, die Wem-Ergänzung und die Wen/Was-Ergänzung wieder farbig.*

Die Wortfamilie „spielen"

Auf dem Rand stehen Wörter und Wortteile, die zur Wortfamilie „spielen" gehören. Ergänze die Wortteile, und schreibe alle Wörter in dein Wörterheft.

> spielen, an-, ab-, mit-, zu-, ver-;
> das Spiel, das Fußball-, das Handball-, das Würfel-, das Wett-, das Rechen-, das Flöten-;
> der Spielplatz, die -zeit, die -regel, der -plan, das -zeug;
> der Spieler, der Mit-, der Gegen-;
> spielend, spielerisch, ver-, …

Rechtschreibkurs zu S. 76–81

v; Wortbausteine

Wörter mit v

Vorsicht, vorsichtig, Vater, vier, Vogel, verlieren, verkaufen, verstehen, verbieten, vergessen, verlangen, Vase, bevor, November, vom, brav, von, viel, Kurve, Klavier, voll, vorsichtig, Pullover, vor, verletzen, Verdacht, Verkehr, versäumen

1. *Meistens wird* v *wie* f *gesprochen. Aber manchmal wird* v *auch wie* w *gesprochen. Schreibe alle Wörter auf, und unterstreiche* v*, wo es wie* w *gesprochen wird (5).*
2. *In welchen Wörtern sind die Wortbausteine* ver *und* vor *enthalten? Rahme die Wortbausteine ein.*

Der Wortbaustein nis

Aus diesen Wörtern kannst du mit dem nachgestellten Wortbaustein nis Nomen (Namenwörter) bilden: erleben, geheim, erlauben, wild, wagen, hindern, ergeben, finster.

1. *Schreibe die Nomen (Namenwörter) auf.*
2. *Prüfe mit dem Wörterbuch nach.*
3. *Verwende die Nomen in Sätzen.*
4. *Setze die Wörter in die Mehrzahl:*
   das Erlebnis – die Erlebnisse, ...

Personen oder Gegenstände?

Bleistiftspitzer, Rennfahrer, Fließbandarbeiter, Staubsauger, Radfahrer, Kunstmaler, Tennisschläger, Dauerlutscher, Kunstturner, Rasenmäher, Kugelschreiber, Wolkenkratzer, Hotelkellner, Nußknacker, Starkstromelektriker

1. *Gliedere die Nomen (Namenwörter) in zwei Gruppen: Personen und Gegenstände.*
2. *Bilde mit diesen Verben (Zeitwörtern) und dem Wortbaustein* er *Nomen (Namenwörter): lehren, sprechen, schwimmen, arbeiten, laufen, kleben, füllen, packen, schneiden. Welches sind Personen, welches Gegenstände?*
3. *Mit dem Wortbaustein* in *kannst du aus Bezeichnungen für Männer Bezeichnungen für Frauen machen:*
   der Rennfahrer – die Rennfahrerin, ...
4. *Setze die Wörter mit* in *in die Mehrzahl:*
   die Rennfahrerin – die Rennfahrerinnen, ...

Die Personen stellen Gegenstände dar. Welche erkennst du?

R — Rechtschreibkurs zu S. 82–87
Diktat; ä; kurzer Selbstlaut/Umlaut; Silbentrennung
123

Ein türkisches Spiel

Dieses Spiel kennt man vor allem in der Türkei. Es wird aber in veränderter Form auch in anderen Ländern gespielt. Die eine Hälfte der Kinder steht der anderen in einer gewissen Entfernung gegenüber. Jede Gruppe steht auf einer Linie. In der Mitte befindet sich ein Kind, das ein Taschentuch in seinen Händen hält. Es nennt nun jeweils ein Kind aus beiden Gruppen. Die erwählten Kinder rennen auf Kommando los und versuchen, das Taschentuch zu erwischen. Wer es fängt, darf den Gegner als Beute mitnehmen. Ziel des Spiels ist es, alle Kinder auf eine Seite zu bekommen.

1. Schreibe den Text ab.
2. Welche Wörter in dem Text haben den Buchstaben **ä**? Schreibe sie noch einmal auf.
3. Die sieben Wörter mit **ä** gehören zu sieben Wortfamilien. Diese Wörter gehören auch zu diesen Wortfamilien: anders, Land, halb, halten, Hand, Veränderung, ändern, erwählen, halbieren, verändern, landen, handeln, Handlung, Wahl, handlich, auswählen, Auswahl, anhalten, festhalten. Schreibe jede der Wortfamilien für sich auf.
4. Suche weitere Wörter, die zu diesen Wortfamilien gehören.
5. Diktiert euch den Text „Ein türkisches Spiel" gegenseitig.

Ein Silbenrätsel

			Rät-			
Bäk-	Rän-	Schä-	-gen	-ner	-me	-fer
hän-	drän-	Gän-	-ger	Trä-	-sel	hä-
Bän-	Jä-	-ke	Rä-	-ter	-hen	-der
Gärt-	mä-	Blät-	-ker	Stäm-	Schlä-	-ger
-gen	Län-	-der	-der	-fer	-se	-keln

1. Alle Rätselwörter sind zweisilbig. Schreibe sie nach Silben getrennt in dein Heft: *Bäk-ker, ...*
2. Schreibe die Wörter ohne Trennung auf: *Bäcker, ...*

(Lösung: Räsel, Bäcker, Händen, Bänke, Gärtner, Rändel, drängen, Jäger, mähen, Länder, Schäfer, Gänse, Blätter, Räder, Träger, Stämme, Häkeln, Schäfel)

Rechtschreibkurs zu S. 82-87

z; k; ei; au

> Nach **l, n, r** das merke ja, steht **nie tz** und **nie ck**!

Gleiche Buchstaben

a) kurz, schwarz, März, Herz, Schmerz, stürzen, Schürze, Kerze
b) Salz, stolz, Holz, Pilz, schmelzen, hölzern, salzen
c) tanzen, Ranzen, ganz, Schwanz, Pflanze, Glanz, Benzin

1. Welche beiden Buchstaben sind bei allen Wörtern der Reihe a) gleich? Schreibe die Wörter ab, und kreise diese Buchstaben ein. Welche beiden Buchstaben haben alle Wörter der Reihe b), welche Wörter der Reihe c)? Arbeite wie bei a).
2. Suche noch mehr Wörter mit den Buchstaben **lz**, **nz** und **rz**.

Ergänzungsrätsel

a) S c h r / B / k r / T

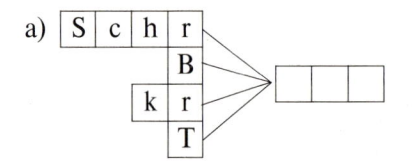

b) P u / Q u / s t / M

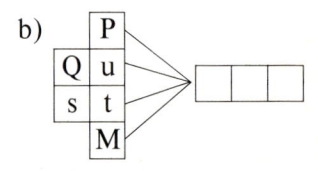

1. Welche Buchstaben passen bei a) in die freien Kästchen? Welche sind es bei b)?
2. Schreibe die Wörter vollständig auf, und kreise die Mitlaute ein, die du bei a) ergänzt hast. Ebenso machst du es bei b).

> Weiter merke dir genau: nur **z** und **k** nach **ei** und **au**.

Strichbilder

Wolke, Marke, links, Volk, merken, trinken, Balken, Gurke, parken, Zirkus, Werk, wirken, winken, Geschenk, lenken, denken, dunkel, Onkel, sinken, welk, Markt, Balkon

1. Schreibe vier der Wörter als Strichbilder auf:
   parken: |ıllıı, ...
   Dein Nachbar rät, und schreibt die Wörter richtig dazu.
2. Nun schreibt dein Nachbar vier andere Wörter als Strichbilder, und du schreibst die Wörter dazu.

Suchrätsel

Sieben Wörter verstecken sich waagerecht und senkrecht in dem Buchstabenblock auf dem Rand. Schreibe sie auf.

```
ABCHEIZENGFDFRTRKST
OFREMGNEIZIGATQZRBD
SBRIRKLPKRAESCHWEIZ
WXBZPKJHVMÖZWSDFULÄ
ACXUMSCHNAUZEVIKZBC
RSUNKÖLETOPCDFSWUAQ
XDCGTGBIKJMNBOLÖNEB
WSCHAUKELCXADGTUGJI
```

Wortbausteine; Groß- und Kleinschreibung

Die Wortbausteine ver **und** vor

1. Setze die Verben (Zeitwörter) mit ver oder vor zusammen. Einige kannst du auch mit beiden Wortbausteinen zusammensetzen. Unterstreiche sie.
2. Schlage deine Wörter im Wörterbuch nach.
3. Schreibe Sätze mit den unterstrichenen Verben der Aufgabe 1.
4. Aus diesen Wortteilen werden vollständige Nomen (Namenwörter), wenn du sie mit den Wortbausteinen Ver oder Vor zusammensetzt: band, steck, käufer, besserung, bot, ort, teil, brauch, fahrt, mittag, name, hang, sicht, trag.
5. Überprüfe deine Lösung mit dem Wörterbuch, und ordne im Heft: *Ver* | *Vor*

wechseln	sprechen
laufen	bessern
stehen	hindern
stellen	lesen
sehen	setzen
legen	reisen
kaufen	kommen
säumen	schwinden
suchen	raten

Das Zirkusspiel

Zirkuszelt, Zirkusdirektor, Clown, Zauberer, Dompteur, Seiltänzerin, Löwen, Elefanten, Schimpansen, Pferde, Hunde, Bälle, Reifen, Peitsche, Frack, Zylinder, Käfig, Musik, Trapez

1. Suche zu den Nomen (Namenwörtern) passende Adjektive (Eigenschaftswörter): *das große Zirkuszelt ...*
2. Schreibe 10 Sätze auf: *Das große Zirkuszelt steht seit ...*

Adjektive, die wie Nomen gebraucht werden

Der Kleine mit dem Hütchen ist lustig. Der Lange kann am besten turnen. Der Dicke dort fällt immer hin. Das Rot des Vorhangs ist sehr dunkel.

1. Einige Nomen in diesen Sätzen wurden aus Adjektiven gebildet. Schreibe sie auf: *der Kleine – klein, ...*
2. Setze die Wörter alles, viel, wenig, etwas, nichts vor die folgenden Adjektive: gut, preiswert, billig, schön, nützlich, wertvoll, modern, brauchbar, schlecht. Verwende die Wörter in Sätzen: *alles Gute – Ich wünsche meiner Mutter alles Gute zum Geburtstag.*

> Wird ein **Adjektiv** (Eigenschaftswort) **wie** ein **Nomen** (Namenwort) gebraucht, schreibt man es **groß**.

> Wenn viel, etwas, nichts, wenig, alles vor einem Adjektiv steht, wird dieses groß geschrieben: *alles Gute.* (Aber: *alle guten Wünsche!*)

Rechtschreibkurs zu S. 82–87

ch; chs

Zahlen statt Buchstaben

Jeder Buchstabe wird hier durch eine Zahl ersetzt: A/a : 1, B/b : 2, C/c : 3 und so weiter bis Z/z : 26. Ä/ä (A/a + E/e) : 1 5, Ö/ö (O/o + E/e) : 15 5, Ü/ü (U/u + E/e) : 21 5.
Jetzt geht's los:
6 21 3 8 19 – 19 5 3 8 19 – 23 1 3 8 19 5 14 – 1 3 8 19 5 –
2 21 5 3 8 19 5 – 22 5 18 23 5 3 8 19 5 12 14 – 12 21 3 8 19

1. Wie heißen die Wörter? Schreibe sie auf.
2. Welche drei Buchstaben kommen in allen Wörtern vor? Rahme sie ein.
3. Kennst du dieses Lied?
   6 21 3 8 19   4 21   8 1 19 20   4 9 5
   7 1 14 19   7 5 19 20 15 8 12 5 14
4. Suche dir acht Wörter aus, die du in Zahlen ausdrückst. Dein Nachbar notiert die entsprechenden Wörter: nicht, fröhlich, durch, Rauch, einfach, acht, nämlich, höflich, achtzehn, achtzig, weich, sechzig, ähnlich, sechzehn, pünktlich, tauchen, streicheln, suchen, rechnen, berichten.

Woher kommt das Wort?

du lachst	er lacht	er lachte	lachen
du rie..st	...	...	riechen
du ...	er br..t	...	brechen
du ...	...	er ma..te	...
du spri..st	...	...	...
du wä..st	...	...	...

1. Welche Buchstaben und Wörter fehlen? Schreibe alle Verben vollständig in dein Heft.
2. Auf dem Rand findest du noch mehr Verben mit **ch**. Schreibe sie in den gleichen Formen auf wie bei Aufgabe 1.
3. Welche der Verben reimen sich in der Grundform? Schreibe auf: *lachen – machen, ...*

keuchen
tauchen
kriechen
streichen
schleichen
wechseln
brauchen

Spiele mit Wörtern

RIESIG

links *rauchen* **rechts**

1. Was fällt euch an den abgebildeten Wörtern auf?
2. Schreibt diese Wörter auch in dieser Art auf: oben, unten, Schlange, kreisrund, schräg, Ecke, Fragezeichen, Grube.

uns chtbar

LOch

KREUZ

Berg und Tal

wachsen

DICK DÜNN

GROB
FEIN

SENKRECHT

WAAGERECHT

Schloßtür – Türschloß

Schloßtür, Kaffeebohnen, Zuckerrüben, Kartenspiel, Wirtshaus, Obstschalen, Stuhllehne, Topfblume, Wachskerzen, Flaschenbier

1. Was bedeuten die Nomen? Schreibe Sätze auf:
   Eine Schloßtür ist die Tür in einem Schloß. …
2. Drehe die Wörter um: die Schloßtür – das Türschloß, …
3. Was bedeuten diese Wörter? Ein Türschloß ist …
4. Suche weitere zusammengesetzte Wörter, die sich so umdrehen lassen.

Versteckte Vornamen

Mundharmonika, Französischstunde, Übernahme, Straßenzustandsbericht, Marionette

1. In den Wörtern sind sechs Vornamen versteckt. Wer findet sie am schnellsten?
2. In den folgenden Sätzen sind die Vornamen Hermann, Emil, Dieter und Werner versteckt:
   Jetzt hast du die gute Milch verschüttet!
   Herr Schneider ist ein freundlicher Mann.
   Frau Singer fragte vor der Arbeit, wer nervös sei.
   Laß uns auf die Terrasse gehen!
3. Versuche selbst, Vornamen oder Pflanzennamen in Wörtern oder in Sätzen zu verstecken.

Sprache untersuchen

Wir sprechen und schreiben in Sätzen

> Wir erzählen oder berichten in **Aussagesätzen.** Nach einem Aussagesatz steht ein **Punkt.** `.`

Die Klasse 4 b bereitet ihren Wandertag vor.

> Wir wollen etwas wissen und fragen. Dazu benutzen wir **Fragesätze.** Nach einem Fragesatz steht ein **Fragezeichen.** `?`

„Hat euch der Wandertag gefallen?"

> Wir fordern jemanden auf, etwas zu tun. Wir bitten jemanden um etwas.
> Wir wünschen etwas. Dazu benutzen wir **Aufforderungssätze.**
> Wir rufen etwas aus. Dazu benutzen wir **Ausrufesätze.**
> Nach einem Aufforderungssatz und nach einem Ausrufesatz steht ein Ausrufezeichen. `!`

„Räumt eure Abfälle bitte auf!" „Ist das heute heiß!"

> In einem Satz gibt es **Satzglieder.**
> **Subjekt** und **Satzkern (Prädikat)** sind solche Satzglieder.

Wer?	macht was?	Wem? Wen/Was? Wann? Wohin?/Wo?	
Subjekt	**Satzkern (Prädikat)**	**Ergänzungen (Objekte), Angaben**	
Tim	gibt	Tina	die Karte
Jeder	trägt	feste Schuhe	
Alle	kommen	früh nach Hause	
Die Kinder	bringen	schöne Erinnerungen mit	

> Der Satzkern (das Prädikat) kann **zweiteilig** sein.

Tina **packt** die Brote **aus.** Tina **hat** die Brote **ausgepackt.** Tina **wird** die Brote später **auspacken.**
Tina **will** die Brote **auspacken.**

> Es gibt Sätze, die nicht allein stehen können. Sie haben ein Komma:
> Sätze mit weil, wenn, daß, als.

Die Kinder hatten viel Spaß beim Ausflug, weil Spiele gemacht wurden.

Weil Spiele gemacht wurden, hatten die Kinder viel Spaß beim Ausflug.

Der Ausflug hätte nicht stattgefunden, wenn es geregnet hätte.

Wenn es geregnet hätte, hätte der Ausflug nicht stattgefunden.

Es steht fest, daß es schön war.

Daß es schön war, steht fest.

Alle waren müde, als sie nach Hause kamen.

Als sie nach Hause kamen, waren alle müde.

> Mit der **wörtlichen Rede** schreiben wir gesprochene Wörter und Sätze auf.

Frau Klein fragte: „Hat euch der Wandertag gefallen?" „Hat euch der Wandertag gefallen?" fragte Frau Klein.

Sprache untersuchen

In einem Satz sind verschiedene Wörter

> Mit **Namenwörtern (Nomen, Substantiven)** nennen wir Menschen, Tiere, Pflanzen, Dinge und Gefühle.
> Die meisten Namenwörter (Nomen, Substantive) gibt es in der **Einzahl** und in der **Mehrzahl**.

Tim, der Junge, der Hase, der Baum, der Ball, die Freude, — , der Zucker,
— , die Jungen, einige Hasen, drei Bäume, viele Bälle, die Freuden, die Ferien, —

> Namenwörter (Nomen, Substantive) kommen in verschiedenen **Fällen** vor.
> **Wer-Fall:** der Junge – die Jungen; die Frau – die Frauen; das Kind – die Kinder
> **Wessen-Fall (Wes-Fall):** des Jungen – der Jungen; der Frau – der Frauen; des Kindes – der Kinder
> **Wem-Fall:** dem Jungen – den Jungen; der Frau – den Frauen; dem Kind – den Kindern
> **Wen-Fall:** den Jungen – die Jungen; die Frau – die Frauen; das Kind – die Kinder
>
> Wir können Namenwörter (Nomen, Substantive) durch **Zusammensetzung** bilden.
> Zusammengesetzte Namenwörter (Nomen, Substantive) sind oft genauer:
> Apfelbaum (zusammengesetzt aus **Apfel** und **Baum**) ist genauer als Baum.
> Baum ist das **Grundwort**. Apfel ist das **Bestimmungswort.**

„Siehst du dort den Baum?" „Welchen Baum meinst du?" „Den Apfelbaum."

> Wir können Namenwörter (Nomen, Substantive) mit nachgestellten **Wortbausteinen** ung, heit, keit, in, nis bilden.

wohnen – die Wohnung; klug – die Klugheit; fröhlich – die Fröhlichkeit;
lehren – die Lehrerin; geheim – das Geheimnis

> Manche Namenwörter (Nomen, Substantive) **fassen** andere Namenwörter (Nomen, Substantive) **zusammen.**

Obst: Äpfel, Birnen, Pfirsiche ...
Spielzeug: Teddybär, Puppe, Ball ...
Fahrzeuge: Fahrrad, Lastwagen, Auto ...
Berufe: Schreiner, Bäcker, Lehrer ...

> Das Namenwort (Nomen, Substantiv) hat **bestimmte Begleiter (Artikel):**
> **Einzahl:** der, des, dem, den; die, der, der, die; das, des, dem, das
> **Mehrzahl:** die, der, den, die
> Das Namenwort (Nomen, Substantiv) hat auch **unbestimmte Begleiter (Artikel):**
> **Einzahl:** ein, eines, einem, einen; eine, einer, einer, eine; ein, eines, einem, ein
> **Mehrzahl:** –

der Junge, des Jungen, dem ..., die Frau, der Frau, der ..., das Mädchen, des Mädchens, dem ...
ein Junge, eines Jungen, einem ..., eine Frau, einer Frau, einer ..., ein Mädchen, eines Mädchens, einem ...

Übersicht 4. Schuljahr
Sprache untersuchen

Zeitwörter (Verben) sagen uns, was Menschen, Tiere, Pflanzen, Dinge **tun**.

rufen, bellen, wachsen, klappern, regnen

Zeitwörter (Verben) sagen uns, **wann** etwas geschieht. Sie geben eine Zeit an.
Gegenwart (Präsens): sie ruft; Arko bellt
Vergangenheit (Präteritum, Imperfekt): sie rief; Arko bellte
vollendete Gegenwart (Perfekt): sie hat gerufen; Arko hat gebellt
Zukunft: sie wird rufen; Arko wird bellen

Mit vorangestellten **Wortbausteinen** können wir Zeitwörter (Verben) bilden.
Durch die Wortbausteine ändert sich der Sinn der Zeitwörter (Verben).

|ab|–|an|–|auf|–|aus|–|be|–|ein|–|ent|–|er|–|ge|–|ver|–|vor|–|weg|–|zer|:

schreiben: abschreiben, anschreiben …   abgeschrieben, angeschrieben, …
malen: abmalen, anmalen, …   abgemalt, angemalt, …
gehen: entgehen, weggehen, …   entgangen, weggegangen, …

Zeitwörter (Verben) haben einen **Stamm** und verschiedene **Endungen**.
Die **Grundform** des Zeitwortes (Verbs) ist gekennzeichnet durch die Endung |en| oder |n|.

geh(en); ich geh(e); du geh(st); er, sie, es geh(t); wir geh(en); ihr geh(t); sie geh(en)
mal(en), hagel(n)

Eigenschaftswörter (Adjektive) sagen uns, wie Menschen, Tiere, Pflanzen, Dinge aussehen, oder wie sie sind.

dick, flink, grün, rund, groß

Wir können Eigenschaftswörter (Adjektive) durch **Zusammensetzung** bilden:
feuerrot (rot wie Feuer); blitzschnell (schnell wie der Blitz), …
Mit vorangestellten und mit nachgestellten **Wortbausteinen** können wir
Eigenschaftswörter (Adjektive) bilden (|un|, |bar|, |ig|, |isch|, |lich|, |los|, |sam|).

eben – uneben, tragen – tragbar, der Staub – staubig, der Regen – regnerisch,
der Freund – freundlich, der Rat – ratlos, sparen – sparsam, …

Mit Eigenschaftswörtern (Adjektiven) können wir Menschen, Tiere, Pflanzen und Dinge miteinander vergleichen.
Es gibt drei Vergleichsstufen:

Grundstufe	dick	flink	grün	rund	groß	hoch
1. Steigerungsstufe (Steigerungsstufe):	dicker	flinker	___	___	größer	höher
2. Steigerungsstufe (Höchststufe):	am dicksten	am flinksten	___	___	am größten	am höchsten

Übersicht 4. Schuljahr

Sprache untersuchen

> **Fürwörter (Pronomen)** können Namenwörter (Nomen) ersetzen.

ich, du, er, sie, es, wir, ihr, sie sind solche Fürwörter (Pronomen).
er kann zum Beispiel stehen für: der Mann, der Löwe, der Baum, der Ball, der Spaß
sie kann zum Beispiel stehen für: die Frau, die Ente, die Rose, die Schaufel, die Freude
es kann zum Beispiel stehen für: das Kind, das Pferd, das Veilchen, das Kleid, das Vergnügen

> Zu einer **Wortfamilie** gehören Wörter mit einem gemeinsamen Wortstamm.
> Dieser Stamm muß aber nicht immer genau gleich sein.

fahren, sie fährt, wir fuhren, Fahrzeug, Fahrrad, gefahren, Fuhrwerk, vorfahren, Fahrbahn …

> Zu einem **Wortfeld** gehören Wörter, die eine ähnliche Bedeutung haben
> (sinnverwandte Wörter).

sprechen, flüstern, wispern, reden, sagen, plaudern, schwatzen, vortragen, …

Der Sprachfuchs
Übungsbuch für das 4. Schuljahr
Regionalausgabe 2

Gisela Everling, Hannelore Gräser, Wilhelm Helling, Heinz-Peter Koulen, Wolfgang Rückert, Sabine Trautmann

Beratung: Margit Meissner

„Der Sprachfuchs" entstand unter Mitwirkung der Verlagsredaktion Grundschule.
Mitarbeit an diesem Werk: K. W. Walther, Verlagsredakteur

Grafische Gestaltung:
Michael Bischof: S. 4–7, 9, 11–13, 15, 19, 21, 24, 25, 27–30, 32–39, 45–47, 50–55, 62, 63, 65, 66, 68, 69, 71–79, 82–88, 90, 92–99, 103–110, 112–127
Hellmut Neugebauer S. 16, 17, 18, 22 oben und links
(Fotos): unten, 23, 26, 42, 43, 53, 56, 57, 59, 61, 89, 101, 106, 111

Zum Unterrichtswerk „Der Sprachfuchs", Regionalausgabe 2, gehören

		Klett-Nr.
2. Schuljahr	Schülerband	21125
	Übungen zur Sprachförderung	21121
	Lehrerband	21122
3. Schuljahr	Schülerband	21135
	Übungen zur Sprachförderung	21131
	Lehrerband	21132
4. Schuljahr	Schülerband	21145
	Übungen zur Sprachförderung	21141
	Lehrerband	21142

ISBN 3-12-211450-X

1. Auflage 1 5 4 3 2 1 | 1987 86 85 84

Alle diese Drucke dieser Auflage können im Unterricht nebeneinander benutzt werden. Die letzte Zahl bezeichnet das Jahr dieses Druckes.
© Ernst Klett Verlage GmbH u. Co. KG, Stuttgart 1984. Nach dem Urheberrechtsgesetz vom 9. September 1965 i. d. F. vom 10. Nov. 1972 ist die Vervielfältigung oder Übertragung urheberrechtlich geschützter Werke, also auch der Texte, Illustrationen und Graphiken dieses Buches, nicht gestattet. Dieses Verbot erstreckt sich auch auf die Vervielfältigung für Zwecke der Unterrichtsgestaltung – mit Ausnahme der in den §§ 53, 54 URG ausdrücklich genannten Sonderfälle –, wenn nicht die Einwilligung des Verlages vorher eingeholt wurde. Im Einzelfall muß über die Zahlung einer Gebühr für die Nutzung fremden geistigen Eigentums entschieden werden. Als Vervielfältigung gelten alle Verfahren einschließlich der Fotokopie, der Übertragung auf Matrizen, der Speicherung auf Bändern, Platten, Transparenten oder anderen Medien.
Umschlag: Rotraut Susanne Berner
Satz: Setzerei Lihs, Ludwigsburg
Druck: Ernst Klett, Stuttgart

Quellenhinweise

S. 10 Grafik von Hermann Altenburger. Aus: Unsere neue Welt – Zur Sache 4. Klett, Stuttgart 1979. **S. 14** nach Erich Kästner: Emil und die Detektive. Atrium, Zürich 1938. Bilder von Regine Mack. **S. 19** Ursula Wölfel: Die Geschichte vom Schaumbad. Aus: Ursula Wölfel, Neunundzwanzig verrückte Geschichten. Hoch, Düsseldorf 1974. **S. 20** Abbildung von Gebhardt und Lorenz. Aus: Wortwechsel 4. Klett, Stuttgart 1977. **S. 22** e.o.plauen: Der gelöschte Vater. Aus: e.o.plauen, Vater und Sohn. © Südverlag GmbH, Konstanz 1949, 1951, 1952. Mit freundlicher Genehmigung der Gesellschaft für Verlagswerte GmbH, Kreuzlingen/Schweiz. **S. 26** In der Werkstatt und in der Fabrik. Aus: Spreche und schreibe ich richtig? 4. Schj. Klett, Stuttgart 1967. **S. 34** Caspar David Friedrich: Der einsame Baum. Nationalgalerie Staatliche Museen Preußischer Kulturbesitz, Berlin (West). **S. 35** Jerzy Ficowski: Fragen im Oktober. Übersetzt von James Krüss. Aus: Kalenderreigen. Annette Betz, München 1967. Heinrich Seidel: November. Aus: Kinderlieder und Geschichten. Union, Stuttgart o.J. Bruno Horst Bull: Vogelabschied. Aus: Aus dem Kinderwunderland. Herder, Freiburg 1968. **S. 37** Bunt sind schon die Wälder. Text und Melodie nach volkstümlichen Elementen von Willi Gundlach. Aus: Unser Liederbuch Schalmei. Klett, Stuttgart 1980. **S. 40** Abbildung aus: John Harthan: Books of Hours and Their Owners. Thames and Hudson, London 1976. **S. 41** Heinrich Heine: Die heil'gen drei Könige. Aus: Heinrich Heine, Buch der Lieder. Insel, Leipzig 1957. Melodie: Katharina Kemming. Originalbeitrag. Notenstich: Ingeborg Vaas. Foto: Mauritius, Mittenwald. **S. 42** Bastelarbeiten von Katharina und Moritz Rosenkranz. **S. 43** Foto: W. Schmidt. Anthony, Starnberg. **S. 44** Angela Hopf: Eles Lieblingswunsch. Aus: Ellermann Kinderkalender 1978. Ellermann, München 1977. **S. 49** e.o.plauen: Vater hat geholfen. Aus: e.o.plauen, Vater und Sohn. A.a.O. **S. 48** Fotos: Malschule von Hans Kilian. Aus: Unser Liederbuch Schalmei. A.a.O. Musikanten aus: Spielpläne 5/6. Klett, Stuttgart 1984. Grundschule von H. Kevenhoerster. Aus: Mosaik 3. Klett, Stuttgart 1977. **S. 58** Foto von Gisela Caspersen. aus: Brigitte 7/83. **S. 59** Bastelarbeiten von Pamela Hornung. **S. 60** e.o.plauen: Die Ostereier bringt der Osterhase. Aus: e.o.plauen, Vater und Sohn. A.a.O. **S. 64** Fotos aus: Wege in die Biologie I. Klett, Stuttgart 1983. Aus: Das Leben 1/2. Klett, Stuttgart 1975. Aus: Unsere neue Welt 4. Schj. Klett, Stuttgart 1968. **S. 65** J. W. v. Goethe: Die Frösche. Aus: Gedenkausgabe der Werke, Briefe und Gespräche. Artemis, Zürich 1950. **S. 67** Abbildung von Hermine Schäfer. Aus: Unsere neue Welt 4. Schj. A.a.O. **S. 69** Rätsel: Volksgut. **S. 70** Abbildung von Regine Mack. **S. 72** Jochen Krüger: Dorf und Stadt. Aus: Unser Liederbuch Schalmei. A.a.O. **S. 75** Die Geisterbrücke. Aus: Spreche und schreibe ich richtig? 4. Schj. A.a.O. **S. 76** Max Bolliger: Hereinspaziert. Aus: H.-J. Gelberg, Die Stadt der Kinder. Bitter, Recklinghausen 1969. **S. 77** Verkleidungsanleitungen z. T. aus Erich Heiligenbrunner: Zirkus für alle. Mit Zeichnungen von Ulrich Buse. Hrsg. von Rudolf Nykrin. Aus der Reihe: Vorhang auf für Musik und Spiel. Klett, Stuttgart 1985. **S. 78** Erich Heiligenbrunner: Das merkwürdige Spiegelbild. Aus: Zirkus für alle. A.a.O. **S. 80** Fotos: W. Gorski, H. Schenk, K. Seyfang. Aus: Unsere neue Welt – Zur Sache 2. Klett, Stuttgart 1977. **S. 82** Abbildung (verändert) aus: Der Lesespiegel 3. Klett, Stuttgart 1977. **S. 87** Mira Lobe: Hier kannst du reimen (Titel des Originals: Da fehlt etwas). Aus: Hans Domenego u.a., Das Sprachbastelbuch. Jugend und Volk, Wien 1975. Anton Krilla: Leider war das L unausgeschlafen. Aus: abcd-Buchstabengeschichten. Rowohlt, Reinbek 1972. **S. 88** Hans Georg Lenzen: Streitereien. Aus: H. G. Lenzen, Hasen hoppeln über Roggenstoppeln. Bertelsmann, Gütersloh 1972. **S. 91** Foto oben: Karl August Blendermann. Aus: Partner auf der Straße Bd. 2. Klett, Stuttgart, und Rot-Gelb-Grün, Braunschweig, 1973. Foto unten: Johannes Damm. Aus: Partner auf der Straße Bd. 3. Klett, Stuttgart, und Rot-Gelb-Grün, Braunschweig, 1973. **S. 100** James Krüss: Das Feuer. Aus: J. Krüss, Der wohltemperierte Leierkasten. Mohn, Gütersloh o.J. Abbildung von Wolfgang Metzger. Aus: Fidibus – Kleines deutsches Wörterbuch 1/2. Klett, Stuttgart 1981. **S. 102** Abbildung aus S. Duflos, Die Wiese lebt. Herder, Freiburg 1977. **S. 103** Gustav Sichelschmidt: Wind, Wind... (gekürzt). Aus: Kinder musizieren. Fidula, Boppard o.J. **S. 108** Foto: Deutsche Bundesbahn, Mainz.